DELIUS KLASING

PAUL WATSON

SEA SHEPHERD

WENN DER OZEAN STIRBT, STERBEN AUCH WIR

AUS DEM ENGLISCHEN VON RENÉ STEIN

DELIUS KLASING VERLAG

INHALT

LEKTIONEN DER SEE

SEA SHEPHERD

Mein Name ist Paul Franklin Watson, und am 2. Dezember 2020 bin ich 70 Jahre alt geworden. Die See hat mich großgezogen. An der Atlantikküste, in einem kanadischen Fischerdorf in der Passamaquoddy-Bucht, wuchs ich auf.

Über ein halbes Jahrhundert habe ich den Großteil meines Lebens auf den Weltmeeren verbracht, von der Arktis bis zur Antarktis und in den dazwischenliegenden tropischen und gemäßigteren Breiten. Ich kreuzte auf den Decks von skandinavischen Handelsschiffen über den Indischen und Pazifischen Ozean, fuhr mit der Kanadischen Küstenwache auf Wetterbeobachtungsschiffen, arbeitete auf Versorgungsschiffen für Leuchttürme und auf Rettungsschiffen an der Küste von British Columbia.

Aber niemals auf einem Fischerboot. Meine Kindheitserinnerung an die Zerstörung und das Schlachten durch die Fischindustrie hatten mich dermaßen ernüchtert, dass ich unter keinen Umständen knöcheltief in diesem Elend aus Blut und Fischeingeweiden an Deck stehen wollte. Doch am stolzesten bin ich darauf, dass ich für die Erhaltung der maritimen Lebenswelt unterwegs war, zunächst ab 1971 als Offizier auf Greenpeace-Schiffen und später dann ab 1978 als Kapitän auf den Schiffen von Sea Shepherd, einer Organisation und mittlerweile globalen Bewegung, die ich 1977 gegründet habe.

Wir kämpfen für das Verbot von Nuklearwaffentests, retten Wale, Delfine, Robben, Meeresschildkröten und Haie, indem wir illegale Fangflotten bekämpfen, wir helfen Tieren bei Ölkatastrophen, fischen Plastikabfälle aus den Meeren und arbeiten dafür, weltweit die Aufmerksamkeit für all das zu schärfen – nicht nur für die Schäden, die die Menschheit dem aquamarinen Leben und der Biodiversität bereits zugefügt hat. Uns ist sogar noch mehr daran gelegen, auf die Zukunft hinzuweisen. Darauf, wie wichtig und zwingend an der Zeit es ist, den ökologischen Irrsinn der Menschheit zu stoppen, bevor der Punkt erreicht ist, an dem es kein Zurück mehr gibt.

Im Juni 1975 hatte ich ein Erlebnis, das mein Leben auf dramatische Weise und letztlich in positiver Hinsicht veränderte. Von Angesicht zu Angesicht begegnete ich einem fremdartigen, intelligenten Wesen, das meine Zukunft bestimmen und meinem Leben eine neue Ausrichtung geben sollte. Es geschah etwa 100 Kilometer vor der Küste Nordkaliforniens. Ich fuhr als Erster Offizier auf einem Schiff namens PHYLLIS CORMACK, auch GREENPEACE V genannt. Wir waren 13 Mann Besatzung auf diesem kleinen Schiff, und unsere völlig absurde und weltfremde Mission lautete, die sowjetische Walfangflotte aufzuhalten. Wir hatten uns abgeschaut, wie Mahatma Gandhi vorgegangen war, und unsere recht simple Taktik lautete dementsprechend, das Schussfeld der Harpunen zu blockieren, indem wir uns selbst zwischen die Wale und die Walfänger manövrierten.

Da waren wir also. Ein sowjetisches, aufs Töten spezialisiertes Boot hatte die Verfolgung einer Herde von acht Pottwalen – auch Kaschelotte genannt – aufgenommen. Wir ließen unsere kleinen Schlauchboote zu Wasser und setzten Kurs, um der Jagd ein Ende zu bereiten. Robert »Bob« Hunter und ich saßen im ersten Boot, und ich schoss ziemlich schnell auf einen Punkt zwischen Jäger und Gejagtem zu. Hinter uns befand sich nun dieses riesige, rostige, fleckige Stahlschiff, das uns mit 20 Knoten nachsetzte. Als ich aufschaute, konnte ich einen großen Kerl in einem dreckigen weißen T-Shirt erkennen, die Zigarette zwischen die Zähne geklemmt, der hinter einer babyblauen Harpune hockte und mit deren explosiver Spitze direkt auf uns zielte. Vor uns befanden sich acht majestätische Pottwale, die verzweifelt um ihr Leben kämpften. In der dunstigen Gischt der Blaslöcher blitzten Regenbogenfarben auf, und wir waren so nah, dass wir den Blas fühlen und die Angst in ihren hektisch-panischen Atemzügen spüren konnten.

Ich langte hinüber, ergriff Bobs Hand und schrie: »Wir tun es tatsächlich!«

Und für einige Minuten taten wir genau das, weshalb wir gekommen waren. Wir blockierten den Harpunier und vertrauten darauf, dass er nicht riskieren würde, uns zu töten, um einen Wal zu töten. Aber dann kam ein großer Mann von der Brücke herunter über den Steg gerannt, es war der Kapitän. Er packte den Harpunier, schrie ihm etwas ins Ohr und schaute grinsend auf uns herab, wobei er sich mit dem Finger über die Kehle fuhr. In diesem Moment traf uns die Erkenntnis, dass in unserem Fall hier und heute Gandhis Taktik nicht aufgehen würde.

Einige Augenblicke später feuerte der Harpunier, und das eineinhalb Meter lange Projektil pfiff über unsere Köpfe hinweg und schlug in den Rücken eines Weibchens ein. Eine regelrechte Blutfontäne schoss aus ihrem Körper, als das Projektil explodierte. Sechs Wale schwammen weiter, doch der größte, der Bulle, erhob sich aus dem Wasser und knallte mit einem donnerartigen Klatschen auf die Wasseroberfläche, bevor er unter uns abtauchte, um das Monster herauszufordern, das gerade einem Mitglied seiner Herde das Leben genommen hatte.

Sie warteten schon auf ihn. Der Harpunier hatte schnell eine neue Harpune eingespannt und lud nach. Er schwang die Waffe herum, zielte nach unten, feuerte auf den heranstürmenden Kaschelott und konnte einen Kopftreffer setzen. Ein markerschütternder Schmerzensschrei hallte über die Wellen, als der tödlich verwundete Wal zurück ins Wasser fiel und sich im Todeskampf an der Oberfläche wand und drehte, während sich ein scharlachroter Teppich aus heißem Blut um ihn herum ausbreitete.

Wir waren wie paralysiert angesichts des Horrors, den wir gerade miterleben mussten, als der Bulle plötzlich kehrtmachte. Ich schaute ihm ins Auge, dann tauchte er noch einmal ab, eine Spur von schäumendem blassrosa Blut sowie Blasen hinter sich herziehend, und hielt schnell auf uns zu. Als er näherkam, tauchte sein Kopf in einem Winkel auf, in dem er sich auf uns hätte fallen lassen können – das war der Augenblick, als mein Leben sich veränderte. Denn dort vor mir, nicht einmal einen Meter entfernt, befand sich sein Auge, so groß wie meine Faust. Es war so nah, dass ich mein Spiegelbild darin erkennen konnte – ich sah also, wie er uns ansah –, und in diesem Moment erahnte ich etwas, ich fühlte etwas, das mich fassungslos machte. Ich erkannte, dass er verstand, was wir versucht hatten, denn er strengte sich sichtlich an, sich zurückfallen zu lassen, bevor er wieder mit dem Kopf in den dunklen Fluten versank. Sein Auge verschwand unter der Wasseroberfläche, und der Bulle tauchte unter.

Der Pottwal hätte uns töten können, und der einzige Grund dafür, dass ich jetzt dieses Buch schreiben kann, liegt in seiner Entscheidung begründet, uns zu verschonen.

Aber es war etwas anderes, etwas Größeres, das ich

in diesem Moment empfand. Es war Mitleid; nicht mit ihm oder seiner Familie, sondern mit uns. Wie konnten wir so erbarmungslos und mit solch bestialischer Grausamkeit töten? Die Sonne ging unter, die Positionslichter der Sowjetflotte mit ihren vier Walfängern und einem Tiefkühl-Fabriktrawler, der DALNIY VOSTOK, flackerten kreisförmig um mich herum auf. Sie zogen die blutenden Kadaver der zwei Wale an Bord, und eine unglaubliche Traurigkeit erfasste mich.

Warum?

Warum töteten wir diese Wale? Es ging nicht um ihr Fleisch – das Fleisch der Pottwale gilt als ungenießbar. Sie wurden für ihr Öl geschlachtet, ein sehr hochwertiger, hitzebeständiger Tran, mit dem man Maschinen fetten konnte, wozu auch jene gehörten, mit denen die Sowjets Interkontinentalraketen herstellten. Der wahre Grund traf mich wie ein Schlag ins Gesicht. Wir metzelten also diese wunderschönen, sozial hoch entwickelten und hochintelligenten, selbstbewussten, empfindsamen Lebewesen gedankenlos ab, und das zu keinem anderen Zweck als dem Bau einer Waffe, die wiederum keinem anderen Zweck als der massenhaften Auslöschung menschlichen Lebens diente.

Die plötzliche Erkenntnis war wie eine Offenbarung: Wir sind wahnsinnig, in ekelhaftem und geradezu perversem Ausmaß wahnsinnig.

Es war dieses traumatische Erweckungserlebnis, das mir für den barbarischen ökologischen Wahnsinn die Augen öffnete und eine dramatische Neuausrichtung in meinem Leben bewirkte. Von diesem Tag an habe ich mich voll und ganz ihnen verschrieben, um ihnen zu dienen – den Walen und den anderen Meeresbewohnern. Ich hatte mit der Menschheit abgeschlossen und lehnte die Arroganz des anthropozentrischen Weltbilds ab, die uns seit jenem Tag begleitet, an dem wir damit begonnen haben, die Früchte unserer eigenen Erfindung zu ernten – der Agrikultur. Stattdessen begann ich, mich mit dem Prinzip des Biozentrismus anzufreunden, also dem Verständnis, dass wir lediglich ein Teil des Ganzen sind und nicht Herrscher über andere Spezies – und ganz sicher nicht über die gesamte Schöpfung, wie wir es als ganz selbstverständlich erachten. Jede Biene, jeder Baum, jeder Wurm, jedes Kleinlebewesen oder Phytoplankton arbeitet hart daran, das ökologische Gleichgewicht auf diesem Planeten aufrechtzuerhalten, während wir Menschen kaum etwas dazu beitragen, außer uns auf Kosten aller anderen Lebewesen zu amüsieren. Die Diktatur unserer Spezies besitzt eine geradezu bösartige Zerstörungskraft und führt die Menschheit immer näher an einen Punkt heran, der keinen Sinn ergibt: unsere eigene Auslöschung.

DIE BÜCHSE DER PANDORA

SEA SHEPHERD

Am heutigen Tag, als ich mich hinsetzte und mit der Niederschrift dieses Buch begann, hatten die Medien folgende Neuigkeit zu berichten: In der Antarktis wurde mit 20,75 Grad Celsius die höchste dort jemals gemessene Temperatur verzeichnet.

__DER ZUG IST AUSSER KONTROLLE UND NIMMT GESCHWINDIGKEIT AUF.

Wenn mein Sohn Tiger im Jahr 2085 mein jetziges Alter erreicht haben wird, wie sieht dann wohl seine Welt aus? Ich kann mir nicht einmal im Ansatz vorstellen, wie die Erde aussehen könnte, die er dann bewohnt.

Tiger wurde in Paris gezeugt und kam im September 2016 in New Hampshire zur Welt. Heute habe ich ihn dabei beobachtet, wie er im Schnee spielte, lachend und glücklich. Mir stockte das Herz, als ich plötzlich realisierte, dass Tiger die Unschuld und das Vergnügen, deren Zeuge ich gerade wurde, wahrscheinlich nicht mehr würde erleben dürfen, wenn er erst einmal in mein Alter gekommen wäre. Ich habe ein Leben in relativem materiellem Wohlstand und Freiheit verbracht, wie es zukünftige Generationen wahrscheinlich niemals werden führen können, weil meine Generation, die Generationen davor und die Generation heute Entscheidungen getroffen haben, die unseren Kindern, unseren Enkeln und Urenkeln die größten Schätze des Lebens wie Freude, Glück und Sicherheit rauben werden.

Oder wie Greta Thunberg es oft wiederholt hat: »Wir wurden unserer Zukunft beraubt.«

Mein Sohn Tiger sieht sich mit einer Zukunft konfrontiert, die aus Ungewissheit, Chaos und Opfern besteht, wie sie keine Generation vorher erlebt haben dürfte. Anders als mir in meiner Kindheit steht ihm eine absolut ungewisse Zukunft bevor: Wird er die Chance auf eine akademische Ausbildung bekommen, oder wird er dazu gezwungen sein, darin ausgebildet zu werden, wie man überlebt? Was wird er von uns denken? Von seiner Mutter und mir? Wie konnten wir das nur zulassen, und warum? Wird seine Generation uns verachten?

Falls sie es täte, könnte ich es ihr kaum verdenken. Aber ich möchte, dass er weiß, dass ich nicht tatenlos war. Dass ich zumindest versucht habe, eine schlimme Welt zu verhindern, in der er eines Tages zu Hause sein wird. Und dass ich diesem Versuch mein Leben gewidmet habe.

Wenn ich ihn beim vergnügten Spiel im Schnee beobachte, nagt ein noch dunklerer Gedanke an mir. Wird mein Junge ein glückliches Leben führen können, oder schaue ich da gerade dem zukünftigen John Connor[1] zu, einem Überlebenskünstler? Waren wir selbstsüchtig, weil wir ihn trotz einer ungewissen Zukunft in diese Welt gesetzt haben? Ich kann ihn nicht vor dem Realität gewordenen Klimawandel bewahren, aber kann ich ihm beibringen, zu überleben und ein Anführer zu sein?

Ich habe keine Wahl. Vor der düsteren Realität gibt es kein Entkommen. Während ich diese Zeilen schreibe, sind innerhalb einer Woche 100.000 Quadratkilometer australisches Buschland in Flammen aufgegangen[2]. Der Grad dieser Verwüstung ist kaum vorstellbar. Diese Brände sind weitaus schlimmer als jene am Amazonas, in Sibirien und Kalifornien zusammengenommen:

Amazonasgebiet: 11.587 Quadratkilometer
Sibirien: 18.507 Quadratkilometer
Kalifornien: 1.480 Quadratkilometer
Insgesamt: 31.574 Quadratkilometer

Deutschland ist rund 357.000 Quadratkilometer groß. Die Ausdehnung der Feuer entspricht somit mehr als einem Drittel der gesamten Fläche von Deutschland. Oder vergleichen wir es mit dem jüngsten Brand von

---

1 Anm. d. Übersetzers: John Connor ist ein fiktiver Charakter aus der *Terminator*-Filmreihe, der den menschlichen Widerstand gegen die Maschinen anführt, die in der Zukunft herrschen.
2 Quelle: BBC am 13. Januar 2020

Notre-Dame in Paris. Paris ist etwa 105 Quadratkilometer groß, was nichts anderes bedeutet, als dass in Australien eine Fläche von 952 Städten mit einer Größe von Paris verbrannt ist. Oder vielleicht ist dieses Bild noch eindrücklicher: Die Kathedrale Notre-Dame hat eine Grundfläche von 4.800 Quadratmetern – damit entsprechen die Feuer 27,5 Millionen Notre-Dames, eingehüllt in Flammen.

Während der Feuerstürme hatte Australien noch zusätzlich mit Überflutungen sowie Wüsten- und Hagelstürmen zu kämpfen. Zerstörerische Hagelstürme, mitten im Sommer in Canberra und New South Wales[3].

An alle Klimawandelleugner: Wollt ihr das leugnen?

Oder ihr lasst es bleiben und schaut dabei zu, wie all das wieder und wieder und wieder geschieht, nicht nur in Australien.

WILLKOMMEN IM THERMAGEDDON

Der große Robert Hunter[4] sagte 2002 in seinem Buch *Thermageddon* voraus, dass die Situation im Jahr 2030

---

3 Quelle: NPR (National Public Radio) am 20. Januar 2020

4 Anm. d. Übersetzers: Robert Hunter (gest. 2005) war Journalist, Autor und Politiker und zählte 1971 zu den Mitbegründern von Greenpeace.

__ICH SCHREIBE DIESES BUCH NICHT SO SEHR, UM DAS PROBLEM VERSTÄNDLICH ZU MACHEN, SONDERN EHER FÜR UNSER KOLLEKTIVES ÜBERLEBEN.

eskalieren würde. Er war äußerst optimistisch, denn heute stellen wir fest, dass es ein Jahrzehnt früher zur Eskalation kommt.

Was in Australien passiert, ist nur der Anfang. Die Büchse der Pandora namens Klimawandel ist geöffnet worden, und die Folgewirkungen unserer ökologischen Sünden kommen ans Licht, um uns zu verschlingen. Die Frage lautet: Schaffen wir es, den Deckel lange genug auf der Büchse zu halten, bis wir herausgefunden haben, wie wir die Konsequenzen überleben können, die durch die Ritzen nach draußen bis hinein in unser Ökosystem dringen, wo sie mit geradezu dramatischer Geschwindigkeit die Mechanismen unserer Lebenserhaltungssysteme verändern?

Ich schreibe dieses Buch nicht, um die Frage aufzuwerfen, ob wir den Klimawandel noch stoppen können. Der Zug ist schon vor Jahren abgefahren, und er ist nicht mehr zu bremsen. Wir hatten unsere Chancen, und wir haben sie verpasst. Die Realität ist, dass er sich nicht mehr aufhalten lässt. Wir können vielleicht die Auswirkungen abmildern, aber die Lawine ist ins Rollen gekommen, unaufhaltsam, und die Menschheit wird sich nur sehr langsam dessen bewusst, was für Kräfte da aus der von Menschenhand gemachten, dunklen und unberechenbaren Büchse entweichen.

Ich schreibe dieses Buch nicht so sehr, um das Problem verständlich zu machen, sondern eher für unser kollektives Überleben. Allerdings besteht der erste Schritt, um das Problem anzugehen, darin, zu begreifen, dass das Problem existiert und inwiefern es eine Bedrohung darstellt.

Es gibt nur einen Weg, mit dieser Bedrohung fertigzuwerden, und das ist auf politischer Ebene. Die Wissenschaft hat gesprochen, sie wurde ignoriert. Die Medien sind größtenteils korrumpiert von den Firmen, die die weltweite Nachrichtenübermittlung besitzen und kontrollieren. Diese Firmen haben ihrerseits wiederum Milliarden investiert, um den Klimawandel herunterzuspielen und die Wissenschaft zu diskreditieren. Um den Klimawandel effektiv bekämpfen zu können, bedarf es der Verabschiedung von Richtlinien, die materielle Opfer beinhalten, und die großen Konzerne wie auch die Führer der Welt lehnen dies bisher ab.

Die kurzfristige Lösung erfordert, dass wir den Verbrauch fossiler Brennstoffe komplett herunterfahren oder zumindest deutlich senken. Sie erfordert ein Ende der massenhaften Schlachtung von etwa 72 Milliarden Nutztieren pro Jahr in der Fleischindustrie. Sie erfordert eine deutliche Reduzierung des industriellen Fischfangs, um den Kollaps des Ökosystems in den Ozeanen zu stoppen. Sie erfordert eine deutliche Reduktion sowohl des Pestizid-, Fungizid- sowie Herbizid-Einsatzes als auch industrieller Düngemittel, und besonders erfordert sie sowohl einen deutlichen weltweiten Bevölkerungsrückgang als auch einen geringeren Verbrauch von natürlichen Ressourcen durch jeden von uns.

Das sind Vorhaben, für die – realistisch gesehen – heutzutage kein Politiker werben kann, und deshalb ist jede Klimakonferenz seit 1979 daran gescheitert, praktische Lösungen auszuarbeiten.

Als ich in der Highschool war, sagte ich zu meinem Vater, dass er an Lungenkrebs sterben würde, wenn er nicht mit dem Rauchen aufhören würde. »Ich kümmere mich darum, wenn es an der Zeit ist.« 20 Jahre später hörte mein Vater mit dem Rauchen auf, und weitere 20 Jahre später starb er – an Lungenkrebs. Ich erinnere mich noch daran, wie verblüfft er war, dass er tatsächlich an Krebs sterben würde. Er leugnete auch weiterhin, dass das Rauchen die Ursache für die Erkrankung gewesen sei, schließlich hatte er es ja aufgegeben.

Und genau an diesem Punkt stehen wir heute. Politiker und CEOs haben die Warnungen erhalten, sich aber dafür entschieden, sie zu ignorieren oder zu leugnen. Selbst angesichts der Waldbrände, des steigenden Meeresspiegels, der zunehmend stärker werdenden Stürme und des Abschmelzens der Gletscher bestehen sie darauf, dass das Problem weder von ihnen hervorgerufen worden sei noch sie irgendetwas tun könnten, um es zu beheben.

Einige Führer dieser Welt haben doch tatsächlich angedeutet, dass der Klimawandel eine gute Sache sein könnte – die Anbausaison würde sich verlängern, und wir hätten wärmeres Wetter –, auch wenn die Realität ganz anders aussieht.

Werden es erst die tatsächlichen zerstörerischen Folgen sein, die dieser Ignoranz ein Ende setzen?

Im März 2020 bekamen wir einen Vorgeschmack davon, wie diese Auswirkungen aussehen könnten. Zu den tödlichen Phänomenen des Klimawandels gehören neue Virenarten, von denen einige aus dem Jahrhunderte währenden Winterschlaf des nun schmelzenden Permafrosts entweichen, andere wiederum in ihrer Entstehung und Mutation von der Fleischindustrie begünstigt werden, besonders von Phänomenen wie Lebendtiermärkten, auf denen exotische Tiere geschlachtet werden und Viren von anderen Spezies auf menschliche Wirte überspringen. Wenn andere Spezies verschwinden oder ausgerottet werden, dann werden auch Viren, die man lange ausschließlich mit diesen Lebewesen in Verbindung gebracht hat, dazu gezwungen sein, sich neue Wirte zu suchen. Sehr große, auf engem Raum lebende Populationen wie wir Menschen sind bequeme Wirte für diese Pathogene.

___WERDEN ES ERST DIE TATSÄCHLICHEN ZERSTÖRERISCHEN FOLGEN SEIN, DIE DIESER IGNORANZ EIN ENDE SETZEN?

ABHÄNGIGKEIT

SEA SHEPHERD

Bei den Anonymen Alkoholikern lautet die erste Regel, die man akzeptieren muss, einzugestehen, dass man abhängig ist.

Also: Mein Name ist Paul Watson, und ich bin süchtig nach dieser schwarzen Substanz namens Öl. Es ist im wahrsten Sinne des Wortes eine Droge.

Wie fast alle, die diese Zeilen lesen, verbrauche ich Öl mit meinem Auto, indem ich mit dem Flugzeug fliege oder Lebensmittel zu mir nehme, die mit industriellem Dünger produziert wurden, indem ich Plastik verwende und so weiter. Ich bin sogar ein noch viel größerer Öl-Junkie als die meisten, denn ich kommandiere Schiffe im Kampf gegen den illegalen Fischfang, eine zwar löbliche Aufgabe, bei der ich aber Tausende Fässer Öl pro Jahr verbrauche. Ich rechtfertige diese Abhängigkeit damit, dass wir illegale Fischerboote stilllegen, was praktisch bedeutet, dass wir verhindern, dass mehr Kohlendioxid freigesetzt als verbraucht wird. Wir vergleichen die Menge an Treibstoff mit jener Menge, die die Schiffe verbrauchen würden, die wir festsetzen und beschlagnahmen. Darüber hinaus führen wir als Rechtfertigung an, dass wir ohne Schiffe unserer Aufgabe nicht nachgehen könnten.

Unglücklicherweise ist das exakt dieselbe Rechtfertigung für fast alle anderen Menschen. Öl ist das Mittel, das die weltweite Wirtschaft am Laufen hält. Das bedeutet, dass uns trotz der Anstrengungen, die wir unternehmen, und trotz der Erfolge, die wir bei unseren Naturschutzaktivitäten erzielen können, genau genommen nichts von allen anderen unterscheidet – wir sind Ökokriminelle.

Die Frage ist: Was können wir dagegen tun? Wir könnten unsere Bemühungen einstellen und den Wilderern bei der Zerstörung der Ökosysteme auf den Weltmeeren freie Hand lassen. Wir haben sogar ein Segelschiff, aber es wäre völlig sinnlos, all unsere motorbetriebenen Boote durch Segelschiffe zu ersetzen – wir wären hoffnungslos unterlegen. Wir können die Lebewesen, für deren Erhaltung wir uns einsetzen, nicht im Stich lassen, aber gleichzeitig müssen wir der Tatsache ins Auge schauen, dass wir Heuchler sind: Heuchler in einer Welt, die von Heuchlern bevölkert und dominiert wird.

Mit anderen Worten: Wir sind alle schuldig. Wenn Sie eine Geburtsurkunde vorweisen können, ist dies ein ausreichendes Schuldbekenntnis. Von der Wiege bis zur Bahre verbrauchen wir Öl, von der Wegwerfwindel bis zu Särgen und Kremation.

Selbst wenn wir mit dem Fliegen aufhören wollten, mit den Lkw-Transporten, der maschinenbetriebenen Fertigung, dem Kunstdünger – ginge das überhaupt? Können knapp acht Milliarden Menschen überleben, ohne dabei Öl, Kohle und Gas zu verbrauchen? Leider

__DIE FRAGE IST: WAS KÖNNEN WIR DAGEGEN TUN? WIR KÖNNTEN UNSERE BEMÜHUNGEN EINSTELLEN UND DEN WILDERERN BEI DER ZERSTÖRUNG DER ÖKOSYSTEME AUF DEN WELTMEEREN FREIE HAND LASSEN.

lautet die realistische Antwort auf diese Frage ehrlicherweise: Nein.

Wenn wir also unsere Abhängigkeit erkannt haben, dann müssen wir uns als Nächstes mit dem Ausmaß dieser Abhängigkeit auseinandersetzen. Wie umfangreich und wie zerstörerisch ist sie? Können wir jemals die gigantische, schmierige Plage namens Öl loswerden, die uns heimgesucht hat?

Täglich werden weltweit 93 Millionen Barrel Öl verbraucht, wovon 19,5 Millionen auf die USA entfallen, gefolgt von China mit 11,1 Millionen und Japan mit 4,1 Millionen. Deutschland liegt mit etwa 1,83 Millionen Barrel auf Platz sechs[5]. Das ist die Substanz, an deren Nadel unsere ganze Zivilisation hängt: Autofahren, Flugreisen, Kreuzfahrten, Heizung, Strom, Kunstdünger, Unterhaltung und Plastik wären ohne Öl nicht vor-

5 Quelle: *The CIA World Factbook* 2017

__DAS SYSTEM WIRD KOLLABIEREN, DIE FRAGE IST NUR, WANN.

stellbar. Menschen haben das Verhalten von Vampiren aus Schauergeschichten adaptiert, denn hinsichtlich fossiler Brennstoffe saugen wir den Planeten aus, und wir werden ihn komplett leersaugen. Das Gesetz der nicht erneuerbaren Rohstoffe ist ziemlich streng in Bezug auf die endlichen Ressourcen von Öl, Kohle und Gas. Das System wird kollabieren, die Frage ist nur, wann.

Stellen Sie sich eine Welt ohne fossile Brennstoffe vor, sie wäre nicht sehr angenehm. Es wäre eine Rückkehr zu Segelschiffen und Pferdefuhrwerken. Meine optimistischste Vision für das Jahr 2120 ist, dass wir irgendwo auf dem Stand von 1820 ankommen werden. Meine am wenigsten optimistische Vision ist eine Welt, wie sie im Film *Mad Max* zu sehen ist, nur ohne Autos. Meine pessimistischste Vision lautet: Wir leben in einer unfruchtbaren Welt, wie sie während der letzten Tage vor dem Massenaussterben an der Perm-Trias-Grenze existierte.

Allerdings wird, bevor eines dieser Szenarien eintritt, ein dramatischer Rückgang der menschlichen Population zu verzeichnen sein, hervorgerufen durch eine massive Überbevölkerung, die Ausbeutung der Ressourcen und das Aufkommen immer neuer Viren; all diese Phänomene werden mit einem Artensterben einhergehen, das wiederum zu einem dramatischen Schwund von Ressourcen führen wird, hervorgerufen durch den Kollaps der Infrastruktur, Ernteausfälle, Epidemien und Kriege um Rohstoffe.

Die Aussichten sind nicht gerade gut, und ich habe nicht vor, durch falsche Versprechungen und Hoffnungen Ihr Gewissen zu erleichtern. Die Zukunft sieht nicht rosig aus. Wir haben uns der Tatsache zu stellen, dass die kommenden Herausforderungen gewaltig sein werden und die Überlebenschancen schlecht.

Man muss nur an die Korallenriffe denken, um zu begreifen, wie ernst das Problem Klimawandel ist. Es geht nicht nur um die Korallenbleiche. Nein, gegenwärtig sind die Korallenriffe weltweit auf dem Rückzug und sterben mit alarmierender Geschwindigkeit[6]. Anders als Menschen können sich einige Korallen an den Klimawandel anpassen. Manche Korallen ziehen in tieferes, subtropisches und kühleres Wasser. Die tropischen Riffe sind um 85 Prozent zurückgegangen, während außerhalb tropischer Gewässer im selben Zeitraum ein Korallenzuwachs von 78 Prozent zu verzeichnen ist[7]. Für die tropischen Korallen verheißt das nichts Gutes, und für

6 Quelle: *Scientific American* vom 23. Februar 2018
7 Quelle: *Yale Environment 360* vom 22. August 2019

__DIE FRAGE LAUTET: BESITZT DIE MENSCHHEIT DIE FÄHIGKEIT, DIE NOTWENDIGEN OPFER ZU ERBRINGEN, UM IN EINER WELT OHNE FOSSILE BRENNSTOFFE ÜBERLEBEN ZU KÖNNEN?

2100 lässt sich eine Welt ohne tropische Korallenriffe prognostizieren. Einige Korallen mögen sich anpassen und überleben, aber tropische Korallenriff-Ökosysteme schaffen das wahrscheinlich nicht, was einem Todesurteil für Tausende tropische Lebensformen gleichkommt.

Eine Gruppe, die Scleractinia oder Steinkorallen, war in der Lage, das Massenaussterben an der Kreide-Tertiär-Grenze zu überleben, indem sie in tieferes Wasser abwanderte, und es scheint derzeit, als würde sie angesichts des derzeitigen Anthropozäns ähnliche Vorbereitungen treffen[8]. Anders als Korallen zeigen Menschen keine wirkliche Bereitschaft zur Anpassung. Die Frage lautet: Besitzt die Menschheit die Fähigkeit, die notwendigen Opfer zu erbringen, um in einer Welt ohne fossile Brennstoffe überleben zu können? Denn die fossi-

8 Quelle: Nature: Evolutionary Traits that Enable Scleractinian Corals to Survive Mass Extinction Events, Dishon, Grossowicz & Tchernov

len Brennstoffe werden innerhalb des nächsten Jahrhunderts ausgebeutet sein.

Wird die grasende Schafherde von ihren Vergnügungen und Ablenkungen aufschauen, bevor es zu spät ist?

MIT DEM AUTO IN DIE APOKALYPSE

Geschätzt gibt es gegenwärtig etwa 1,3 Milliarden Pkws, Lastwagen und andere Fahrzeuge auf der Welt. Hinzu kommen zwei Millionen Schneemobile in Nordamerika, zwölf Millionen Motorräder sowie Milliarden an Rasenmähern, Schneekanonen, Laubbläsern, Kettensägen und Millionen andere Geräte, die mit fossilen Brennstoffen betrieben werden. In jeder einzelnen Sekunde werden Zehntausende Liter Benzin und Diesel in Kohlendioxidemissionen umgewandelt, fortwährend und unaufhörlich.

Seit den Anfängen der Industriellen Revolution wurden Jahr für Jahr mehr gebundene Kohlenstoffe in die Atmosphäre geblasen. Damals lag der Anteil von Kohlendioxid in der Luft noch bei 280 Millionstel beziehungsweise ppm (parts per million), während er nun die Grenze von 400 ppm überschritten hat – ein Zuwachs von 39 Prozent. Die Methankonzentration ist seit 1750 von 715 auf 2.000 ppm gestiegen[9].

9 Quelle: NASA Earth Observatory

Der konstante Abrieb von Plastikbestandteilen von Millionen von Reifen ist eine der Hauptquellen für Mikroplastik in den Ökosystemen der Meere.

In jeder Hinsicht steuern wir also auf unseren eigenen Untergang zu.

MIT DEM FLUGZEUG IN DIE APOKALYPSE

Reisen und der Güterverkehr via Luftfracht sind Geschäftszweige, die es erst seit etwas über einem Jahrhundert gibt. Jeden Tag befinden sich in jedem Augenblick zwischen 13.000 und 16.000 Flugzeuge in der Luft, und ungefähr 7,7 Millionen Menschen fliegen täglich, was auf Millionen von Menschen hinausläuft, die ständig über unseren Köpfen umherjetten. Mehr als drei Milliarden Flugtickets werden pro Jahr verkauft. Ständig ist also eine Megacity in der Luft, und beim Schreiben dieser Zeilen fliege ich gerade mit United Airlines von Los Angeles nach Boston (Greta Thunberg, die ich wirklich sehr schätze, ist eine Heilige, aber ich muss gestehen, dass ich es nicht bin). Hinzu kommen die Militärflugzeuge am Himmel. Die USA verfügen mit rund 13.300 Flugzeugen über die größte Anzahl, gefolgt von Russland mit knapp 4.000 und auf Rang drei China mit etwas über 3.000 Maschinen. Danach folgen Indien mit 2.000, Südkorea mit 1.600 und Japan mit 1.500 Maschinen sowie Pakistan mit 1.300 und Frankreich mit 1.200. Folglich unterhalten die sieben größten Nationen der Welt etwa 50.000 Militärflugzeuge[10]. Mitzählen muss man natürlich auch noch eine ganze Reihe Freizeitflieger und Hubschrauber, was deutlich macht, dass allein der Verbrauch von fossilen Brennstoffen durch Flugzeuge immense Ausmaße angenommen hat.

Man schätzt, dass der jährliche Kerosinverbrauch von kommerziell betriebenen Fluggesellschaften bei etwa 371 Milliarden Litern liegt.

MIT DEM KREUZFAHRTSCHIFF IN DIE APOKALYPSE

Während Tausenden von Jahren fuhren ausschließlich Segelschiffe über die Weltmeere. Vor etwas weniger als 200 Jahren wurden sie zunächst durch Dampfschiffe ersetzt, bevor dann noch einmal 100 Jahre später riesige Schiffsmotoren zum Einsatz kamen, die mit Diesel oder viel umweltschädlicherem Schweröl betrieben werden.

Ohne die Corona-Pandemie hätten im Jahr 2020 rund 29 Millionen Menschen eine Kreuzfahrtreise gebucht. Der Durchschnittsverbrauch eines Kreuzfahrt-

---

10 Quelle: www.globalfirepower.com

schiffs liegt bei 300 Tonnen Treibstoff pro Tag; so verbrennt die 339 Meter lange FREEDOM OF THE SEAS über 100.000 Liter pro Stunde. Die größten 314 Kreuzfahrtschiffe verfügen zusammen über eine Kapazität von 537.000 Kojen und teilen sich ein Marktsegment von 26 Millionen Passagieren per annum. Wenn der Durchschnittsverbrauch bei 300 Tonnen liegt, und das in etwa dem täglichen Durst der 314 größten Schiffe entspricht, dann ergibt das 94.200 Tonnen jeden Tag oder etwa 34 Millionen Tonnen jährlich. Daneben verkehren noch über 350.000 kleinere Kreuzfahrtschiffe sowohl auf dem Meer als auch auf Seen und Flüssen.

Das bedeutet, dass jede Person, die eine Kreuzfahrt macht, ihren Beitrag zu einem rein auf das Vergnügen ausgerichteten Wirtschaftszweig leistet, der einer der größten Energieverschwender ist.

Kreuzfahrtschiffe tragen nicht dazu bei, Güter aus reiner Notwendigkeit zu transportieren. Neben den hohen Kohlenstoffemissionen produzieren sie Schmutzwasser in exzessiven Mengen sowie organische Abfälle und Plastikmüll. Allerdings erhielt das Kreuzfahrtgeschäft im März 2020 aufgrund von Covid-19 einen erheblichen Dämpfer. Gerade die großen Passagierschiffe haben sich als sehr gefährliche Aufenthaltsorte während einer Pandemie erwiesen, sie entwickelten sich letztendlich zu riesigen über die Weltmeere treibenden Petrischalen.

MIT UNSEREN ERNÄHRUNGSGEWOHNHEITEN IN DIE APOKALYPSE

Wir schlachten jedes Jahr 72 Milliarden Nutztiere und fischen Milliarden Lebewesen aus den Weltmeeren. Die Aufzucht von Tieren zur Fleischproduktion ist der Hauptgrund für die Todeszonen in den Ozeanen, der Hauptgrund für die Grundwasserverschmutzung und ein größerer Verursacher von Treibhausgasemissionen als das gesamte Transportgewerbe. Etwa 40 Prozent des gesamten Fischfangs wird direkt an Nutztiere wie Hühner, Schweine und Zuchtlachse verfüttert. Die Abfälle aus dem Beifang im Fischereisektor gehen in die Millionen Tonnen.

Acht Milliarden fleischessende Hominiden stehen für einen Planeten, dessen Natur komplett aus dem Gleichgewicht geraten ist.

Wir essen unseren eigenen Untergang herbei.

WAS HAT DAS ZU BEDEUTEN?

Ich werde nicht alle Fakten und Statistiken auflisten, denn die Daten sind für jeden verfügbar, der sich genauer informieren möchte; und dieses Buch ist nicht lang genug, um diese Probleme in aller Ausführlichkeit darzulegen. Ich möchte nur kurz das schockierende Ausmaß verdeutlichen, das unser Ressourcenverbrauch angenommen hat.

Die Botschaft, die ich vermitteln möchte, lautet: Wir stehen vor einem unglaublich großen und komplexen Problem, dessen Lösung unmöglich erscheint. Allerdings war ich auch immer der Meinung, dass die Antwort auf ein scheinbar unlösbares Problem darin besteht, unsere Leidenschaft und Vorstellungskraft zu gebrauchen, um das Unmögliche möglich zu machen. 1972 erschien allein der Gedanke, dass Nelson Mandela eines Tages Präsident von Südafrika sein würde, absolut undenkbar und scheinbar unmöglich, aber das Unmögliche wurde Realität. Leider hatten wir es bisher noch nie mit einem unlösbaren Problem in der Größenordnung des Klimawandels zu tun, einem globalen Problem mit Einfluss auf den gesamten Planeten, bei dem die Menschheit es bisher nicht nur unterlassen hat, rechtzeitig zu handeln, sondern es auch weiterhin unterlässt.

Ich bin kein Pessimist. Aber ich bin auch ein Realist. Die Vorzeichen sind nicht zu übersehen: Unsere gesamte Spezies droht zusammen mit Hunderttausenden anderen

__DIE BOTSCHAFT, DIE ICH VERMITTELN MÖCHTE, LAUTET: WIR STEHEN VOR EINEM UNGLAUBLICH GROSSEN UND KOMPLEXEN PROBLEM, DESSEN LÖSUNG UNMÖGLICH ERSCHEINT.

Lebewesen in Vergessenheit zu geraten … es sei denn, wir treten den Bedrohungen kühn, mutig und leidenschaftlich entgegen. Um das zu erreichen, müssen wir das komplette Bild betrachten und die Hintergründe verstehen und dabei an der Implementierung von Lösungen arbeiten. Wenn uns das nicht gelingt, findet das letzte Kapitel dieses Buches Anwendung: Können wir überhaupt überleben? Und wenn ja, wie werden wir als Gattung überleben?

DAS HAT ES ALLES SCHON MAL GEGEBEN

SEA SHEPHERD

Es gibt einige Menschen, die den Klimawandel zwar nicht leugnen, aber darauf beharren, dass er nicht menschengemacht sei. Viele überzeugt das, denn klimatische Veränderungen, die auf natürliche Ursachen zurückzuführen waren, hat es früher auch schon gegeben.

Und diese Skeptiker haben recht. All dies hat es schon gegeben, und es lag nicht in der Verantwortung der Menschheit. Sogar die Treibhausgase sind zuvor bereits ausschlaggebend gewesen, aber die Trigger unterscheiden sich: Dieses Mal ist in der Tat die Menschheit der Auslöser. Am wichtigsten ist jedoch die Tatsache, dass es jedes Mal, wenn sich in der Vergangenheit dramatische klimatische Veränderungen ereignet haben, für den Großteil der Lebewesen, die zu dieser Zeit existierten, nicht gut ausging.

Vor 252 Millionen Jahren ereignete sich auf der Erde die größte ökologische Katastrophe der Naturgeschichte. Das sogenannte Große Sterben fand an der Perm-Trias-Grenze statt, also am Übergang vom Perm zur Trias, der zugleich die Grenze zwischen Paläozoikum (Erdaltertum) und Mesozoikum (Erdmittelalter) markiert. 96 Prozent aller Meereslebewesen und 70 Prozent aller Landlebewesen starben aus. 57 Prozent aller Insektenarten wurden ausradiert, was dem größten Massenaussterben dieser Klasse entspricht.

Die Hauptursache für das Massenaussterben war eine klimatische Veränderung, die mehrere Auslöser hatte: einen oder vielleicht auch mehrere Asteroideneinschläge, verstärkte Vulkanaktivität in der sibirischen Region, die lang anhaltende Verbrennung von Kohlevorkommen in erheblichem Ausmaß sowie Methanhydrat, das bis dato im Eis eingeschlossen gewesen war und nun entweichen konnte. Kurz gesagt: Es kam zu einem erhöhten Ausstoß von Kohlendioxid und Methan, und die erhöhte CO_2-Emission führte zu einer gefährlichen Übersäuerung. Der Asteroideneinschlag beziehungsweise die vulkanische Aktivität oder beides könnten ursächlich gewesen sein, aber was auch immer dafür verantwortlich zeichnete – der Klimawandel hatte unaufhaltsam eingesetzt, und es dauerte etwa 18 Millionen Jahre, bis die Erde sich wieder davon erholt hatte.

Die Natur selbst stellt die chemischen Grundstoffe und die Gase bereit, die in der Atmosphäre bleiben. Pflanzen produzieren Sauerstoff. Tiere produzieren Kohlendioxid. Das Verhältnis dieser beiden Gase muss sich stabilisieren und einpendeln, und das System funktioniert wunderbar, bis etwas dazwischenfunkt wie Vulkanausbrüche, Asteroiden oder die massive Freisetzung von Methan aus dem Meer beziehungsweise Permafrost. ODER: absichtlich verursachte Emissionen, die von einer einzigen Spezies – wie dem Menschen – herrühren.

Ein weiterer möglicher Faktor war das Aufkommen anaerober acetoklastischer Archaeen, eine bestimmte Mikrobenart, die Acetat zu Methan verstoffwechseln konnte, und dass eine rasche, exponenzielle Verbreitung dieser Mikroben massive Mengen an Methan und Kohlendioxid freisetzte. Das Aussterben im Perm geschah nicht über Nacht, sondern es dauerte tatsächlich 70.000 Jahre, bis die Biosphäre sich geschlagen gab und das System vollständig zusammenbrach.

Die gute Nachricht ist, dass sich die Erde erholte und sich zu einem lebendigeren, vielfältigeren und noch fruchtbareren Planeten entwickelte als vor dem Großen Sterben.

Das Perm-Trias-Ereignis war bereits das dritte von insgesamt fünf großen Massenaussterben. Das erste ereignete sich am Ende des Ordoviziums vor etwa 439 Millionen Jahren. Dabei wurden etwa 87 Prozent allen Lebens auf dem Planeten ausgelöscht. Auch hierfür war der Klimawandel verantwortlich, aber die Ursache war eine andere. Aufgrund der üppigen Vegetation in Verbindung mit einem starken Absinken des Meeresspiegels, das durch die Plattentektonik verursacht wurde, sank der Kohlendioxidgehalt gefährlich ab.

Das zweite Massenaussterben ereignete sich vor etwa 364 Millionen Jahren am Ende des Devons und radierte etwa 75 Prozent aller Arten aus. Die positive Kehrseite dieser Tragödie ist, dass wir Menschen ohne die Katastrophe im Spätdevon heute wahrscheinlich nicht existieren würden. Das Leben im Meer wurde größtenteils vernichtet, und etwa zehn Millionen Jahre nach diesem Ereignis kroch der Ichthyostega an Land, aus dem sich alle späteren Landtiere entwickelten.

Das dritte Massenaussterben war das bereits beschriebene an der Perm-Trias-Grenze, auf welches das vierte Ereignis dieser Art an der Trias-Jura-Grenze folgte, vor etwa 199 bis 214 Millionen Jahren. Auch hier gelten als mögliche Ursachen ein Asteroideneinschlag, intensive vulkanische Aktivität und Klimaveränderungen. Auf diese Periode folgte der Siegeszug der Dinosaurier.

Das fünfte Aussterben ereignete sich an der Kreide-Paläogen-Grenze. Es setzte dem Zeitalter der Dinosaurier ein Ende und läutete die Welt ein, wie wir sie heute kennen. Das Ereignis löschte 76 Prozent des Lebens auf dem Planeten aus. Als Hauptursache wird ein massiver Asteroideneinschlag in der Nähe der Halbinsel Yukatan in Mexiko vermutet, aber auch hier gab es eine positive Begleiterscheinung: Ohne dieses Massenaussterben würde die Menschheit heute höchstwahrscheinlich nicht existieren, obwohl es durchaus möglich ist, dass sich auch ohne die Katastrophe eine intelligente Saurierart entwickelt hätte, die in der Lage gewesen wäre, eine technologische Gesellschaft zu begründen.

Wo stehen wir also heute?

Wir stehen am Beginn der holozänen Aussterbewelle, auch Anthropozän genannt. Doch dieses Mal ist weder ein Asteroid noch intensiver Vulkanismus dafür verantwortlich. Zum ersten Mal in der Geschichte des Planeten stehen wir vor einem Massenaussterben, das durch das Verhalten und die Handlungen einer einzigen Spezies ausgelöst wurde und wird – der Menschheit. Durch unser Verhalten haben wir das Artensterben massiv beschleunigt, und unser willentlich erfolgter Ausstoß von Treibhausgasen wie Kohlendioxid führt zu massiven Methangasfreisetzungen aus dem Permafrostboden und dem Meer.

Schauen wir uns einmal an, was dieser Planet für uns ist.

Die Erde ist ein Raumschiff, das sich zusammen mit unserem gesamten Sonnensystem auf einer scheinbar endlosen Reise rund um die schier unbegreiflich große Milchstraße befindet. Diese gigantische Galaxie einmal zu umkreisen, dauert etwa 252 Millionen Jahre. Tatsächlich hat unsere Erde diese Reise seit ihrer Entstehung nur 18-mal unternommen, und während der meisten dieser Reisen existierte kein Leben auf diesem relativ winzigen Gesteinsbrocken.

Und dennoch entwickelte sich Leben, indem sich zunächst kleine Kolonien von Mikroben an die Felsen klammerten, was einen Prozess in Gang setzte, den wir Evolution nennen. Auf dem Raumschiff Erde begann das Leben, ein Lebenserhaltungssystem für sich selbst zu konstruieren. Und exakt dieses Lebenserhaltungssystem ist es, das uns auch heute noch am Leben hält. Unsere unglaublich vielfältigen Ökosysteme innerhalb der globalen Biosphäre produzieren dank der Pflanzen den nötigen Sauerstoff, den wir zum Atmen benötigen. Und das Kohlendioxid, das wir Tiere produzieren, hält jene Pflanzen am Leben. Dieses System ernährt uns, es reinigt und recycelt Abfälle, reguliert das Klima, reguliert die Temperatur und transportiert Nährstoffe mittels Wind und Gezeiten, mittels Seen sowie Myriaden von Organismen.

Was als nackter Felsen begann, speicherte ab einem bestimmten Zeitpunkt Wasser und bildete so den heutigen Himmelskörper, der eigentlich Wasserplanet oder Planet der Ozeane genannt werden sollte.

Der Klimawandel hat Auswirkungen auf das Wasser im Meer: Durch ihn wird in extrem hohem Maße Kohlenstoff gelöst, der eine zunehmende Übersäuerung der Weltmeere erzeugt, was wiederum die Korallenbleiche beschleunigt und das Exoskelett wirbelloser Tierarten schwächt. Übermäßige CO_2-Emissionen erhöhen auch den Säuregehalt des Niederschlags, und der saure Regen führt zum Baumsterben.

__ÜBERMÄSSIGE CO^{2}-EMISSIONEN ERHÖHEN AUCH DEN SÄUREGEHALT DES NIEDERSCHLAGS, UND DER SAURE REGEN FÜHRT ZUM BAUMSTERBEN.

Der Klimawandel wirkt sich auf das ewige Eis in den Polargebieten aus, indem er die massiven Mengen an gebundenem Wasser freisetzt, was zu einem Anstieg des Meeresspiegels führt. Gletscheraktivitäten haben einen großen Anteil an der Zufuhr von Eisen in maritime Ökosysteme, das eine wichtige Nährstoffquelle für das Phytoplankton darstellt.

Der Klimawandel wirkt sich auf das Wasser in der Atmosphäre aus und sorgt für Temperaturunterschiede, welche die Entstehung von immer stärkeren Stürmen sowie Dürre- und Niederschlagsperioden begünstigen. Übermäßige Niederschläge führen zu Überschwemmungen, und anhaltende Dürre beschleunigt sowohl die Wüstenbildung als auch die Verbreitung von Busch- und Waldbränden.

All diese Prozesse, die für veränderte Lebensbedingungen sorgen, beschleunigen den Klimawandel noch zusätzlich durch eine immer stärker werdende Rückkopplungsschleife. Die Eisschmelze entlässt mehr Wasser in die Arktis, aber ohne das Eis, das die Sonnenstrahlen reflektiert, absorbiert das Wasser die Wärme und heizt sich auf. Busch- und Waldbrände emittieren Kohlendioxid in die Atmosphäre; so wurden bei den australischen Buschbränden von 2019/2020 über 250 Millionen Tonnen CO_2 ausgestoßen. Diese Emissionen allein entsprechen fast dem jährlichen CO_2-Ausstoß von 271 Millionen Tonnen der rund 150 Millionen aktiven Vulkane unseres Planeten. Die geschätzten Kohlendioxidemissionen, die durch menschliche Aktivitäten verursacht werden, übersteigen mit einer Menge von etwa 40 Milliarden Tonnen die der derzeitigen vulkanischen Emissionen um etwa das 60-fache. Seit Beginn der Industriellen Revolution hat der Mensch etwa 2.000 Milliarden Tonnen Kohlendioxid erzeugt.

Kehren wir zurück zum Großen Sterben an der Perm-Trias-Grenze. Wissenschaftler schätzen, dass damals zwischen 2.000 und 3.000 Milliarden Tonnen Kohlenstoff in Form von Kohlendioxid und Methan freigesetzt wurden und die maximale CO_2-Konzentration während jener Zeit 3.550 ppm betrug. Die ppm-Konzentration in der Frühzeit des Perms war etwa gleich hoch wie heute, aber der Durchschnitt lag über 18.000 Jahre lang bei etwa 900 ppm. Die vorindustrielle Kohlendioxidmenge in der Atmosphäre betrug 280 ppm. Heute sind es 409 ppm; der höchste Wert seit 400.000 Jahren. Er steigt jedes Jahr schneller an als zu Beginn des Perm-Trias-Ereignisses.

Kurz gesagt, die Steigerung auf den derzeitigen Wert ist knapp halb so hoch wie durchschnittlich während des Perm-Trias-Ereignisses, und das ist sehr besorgniserregend. Und Fakt ist auch, dass die menschliche Spezies ein Klimawandelereignis, das sich auf dem gleichen Niveau abspielt wie am Ende des Perms oder auch nur ein Zehntel dieser Kohlendioxidwerte erreicht, nicht überleben kann.

PLANET OZEAN

SEA SHEPHERD

Ich möchte Ihnen eine alternative Sichtweise auf den Planeten vorstellen, auf dem wir leben. Wir nennen ihn den Planeten Erde, aber in Wirklichkeit ist er der Planet Ozean.

Was das Leben auf diesem Planeten ermöglicht, ist ein einziges, sehr wichtiges Element: das Wasser. Wir befinden uns auf einem Wasserplaneten. Man hat uns gelehrt, dass die Ozeane Weltmeere sind. Die Ozeane sind jedoch viel mehr als das.

Dieser Planet ist ein Planet des Wassers, das unaufhörlich durch viele Phasen zirkuliert und in jedem Stadium eng vernetzt ist. Es umfasst das Wasser in den Meeren, Seen, Flüssen und Bächen. Das Wasser, das unterirdisch fließt und tief, tief unten im Innern des Planeten im Gestein eingeschlossen ist. Das in der Atmosphäre befindliche oder im Eis eingeschlossene Wasser und das Wasser, das in jeder einzelnen lebenden Zelle jeder Pflanze und jedes Lebewesens auf diesem Planeten enthalten ist.

Es ist das Elixier des lebenden Planeten – manchmal flüssig, manchmal fest, manchmal gasförmig –, das ständig seinen Aggregatzustand wechselt.

Es ist ein Element mit einzigartigen Eigenschaften, die so erstaunlich sind, dass sie nicht einmal den Naturgesetzen gehorchen, die seine Existenz bestimmen. In fester Form zum Beispiel ist es leichter als in flüssiger Form, und ohne diesen Faktor wäre der Planet vom Grund

___WASSER IST DAS LEBEN, DAS DURCH UNSEREN KÖRPER FLIESST, INDEM ES DIE ABFALLSTOFFE HERAUSSPÜLT UND UNS MIT NÄHRSTOFFEN VERSORGT.

des Meeres bis zum äußersten Rand der heutigen Atmosphäre vollständig in Eis eingehüllt. Wäre Wasser in seiner festen Form schwerer, würde es absinken, bis das gesamte Meer aus Eis bestünde. Doch das ist noch nicht alles. Wasser hat ein Gedächtnis und scheint manchmal lebendig zu sein. Warum sonst wäre ein still daliegender Teich bei Temperaturen unter dem Gefrierpunkt noch nicht mit einer Eisschicht überzogen, doch sobald man ein Steinchen hineinwirft, gefriert er sofort, als ob man ihn aufgeweckt und daran erinnert hätte, dass es bei den Temperaturen langsam an der Zeit wäre. Wasser ist Leben, das von der Sonne angetrieben wird, die es vom Meer in die Atmosphäre pumpt und es in und durch jede unserer lebenden Zellen treibt. Wasser ist das Leben, das durch unseren Körper fließt, indem es die Abfallstoffe herausspült und uns mit Nährstoffen versorgt.

Das Wasser in meinem Körper war einst im Eis eingeschlossen, floss in unterirdischen Bächen, bildete einst Wolken oder das Meer, und dasselbe Wasser wurde einst von Dinosauriern getrunken und wieder ausgeschieden. Sogar die Gravitationskraft des Mondes wirkt genauso auf das Wasser in unserem Körper wie auf das Wasser im Meer.

Wasser ist das gemeinsame Band aller Lebewesen auf diesem Planeten, und all dieses durch Verwandlung geprägte Wasser in seinen vielen Aggregatzuständen bildet den einen Ozean.

WIR SIND DER OZEAN

Der Ozean ist das Lebenserhaltungssystem des gesamten Planeten. In den Tiefen der Weltmeere produziert das Phytoplankton Sauerstoff, während es sich von Stickstoff und Eisen ernährt, die aus den Fäkalien von Walen und anderen Meeresbewohnern stammen. Das Wasser in den Flüssen und Seen wirkt dort wie eine Art Kläranlage für Giftstoffe, Salze und Abfälle. Flussdeltas und Feuchtgebiete sind wie die Nieren, sie filtern die Giftstoffe heraus, und die mineralischen Salze werden ins Meer gespült. Dank der Sonne verdunstet das Wasser in die Atmosphäre, aus der es – nunmehr in Teilen von Giftstoffen und Salzen gereinigt – wieder auf die Erdoberfläche regnet, wo die Lebewesen es trinken oder in anderweitiger Form absorbieren, bevor es durch ihre Körper zirkuliert. Es ist dieser hochkomplexe globale

Kreislauf, der uns alles zur Verfügung stellt, was wir für die Nährstoffgewinnung und die Regulierung des Klimas – für das Leben – benötigen.

Wasser ist Leben, und Leben ist Wasser.

Flüsse und Bäche sind die Arterien, Venen und Kapillaren; sie erfüllen genau die gleiche Funktion wie im menschlichen Körper – den Abtransport von Stoffwechselabfällen und die Versorgung der Zellen mit Nährstoffen. Wenn man einen Fluss aufstaut, kommt das dem Abschnüren einer Ader gleich. Der Assuanstaudamm am Nil zum Beispiel entzog dem darunter liegenden Land flussabwärts die Nährstoffe, während das Wasser oberhalb immer toxischer wurde.

Dieses vollkommen interdependente System ist sein eigenes Lebenserhaltungssystem. In dem Buch *GAIA: A New Look at Life on Earth* (1979)[11] von James Lovelock postuliert der Autor, dass alle lebenden Organismen mit ihrer anorganischen Umgebung interagieren und so ein komplexes synergetisches und selbstregulierendes System bilden, das dazu beiträgt, die Bedingungen für das Leben auf dem Planeten zu schaffen und zu gewähr-

---

11 Anm. d. Übersetzers: Das Buch erschien 1982 unter dem Titel *Unsere Erde wird überleben. GAIA – eine optimistische Ökologie* auf Deutsch. Der Autor wird verschiedenen Quellen zufolge sowohl Jim E. als auch James Lovelock genannt.

__SCHLIESSLICH IST DIESER PLANET NICHTS ANDERES ALS EIN RIESIGES RAUMSCHIFF, DAS SEINE FRACHT – DAS LEBEN – AUF EINER SCHNELLEN UND SCHWINDELERREGENDEN REISE DURCH DIE RIESIGE MILCHSTRASSE TRANSPORTIERT.

leisten. Die sogenannte Gaia-Hypothese, die Lovelock zusammen mit Lynn Margulis entwickelt hat, besagt mit anderen Worten nichts anderes, als dass das Leben sein eigenes Lebenserhaltungssystem betreibt.

In diesem System sind jedoch mitnichten alle Arten gleich. Einige Arten sind lebensnotwendig, auf einige Arten trifft das weniger zu, aber eins ist allen Lebewesen gemeinsam: Sie sind miteinander verbunden. Die wesentliche Grundlage dieses Lebenserhaltungssystems bilden Mikroben, Phytoplankton, Insekten, Pflanzen, Würmer und Pilze. Den sogenannten »höherentwickelten« Tieren kommt diese essenzielle Bedeutung nicht zu, und eine Spezies unter ihnen – nämlich wir selbst und die in unserem Besitz befindlichen domestizierten »Tier und Pflanzensklaven« – ist sogar auf erschreckende Weise destruktiv.

Ich vergleiche das gern mit einem Raumschiff.

Schließlich ist dieser Planet nichts anderes. Er ist ein riesiges Raumschiff, das seine Fracht – das Leben – auf einer schnellen und schwindelerregenden Reise durch die riesige Milchstraße transportiert. Damit ein Raumschiff funktionieren kann, muss es ein gut funktionierendes Lebenserhaltungssystem geben, und dieses System muss von einer erfahrenen und gut ausgebildeten Besatzung gewartet und betrieben werden:

Es ist diese Besatzung, die die Gase in unserer Atmosphäre erzeugt, insbesondere Sauerstoff, Stickstoff und Kohlendioxid.

Es ist diese Besatzung, die überschüssige Gase, vor allem Kohlenstoff und Methan, herausfiltert.

Es ist diese Besatzung, die die Luft reinigt, die Abfälle recycelt, die Wasserzirkulation unterstützt und die Nahrung liefert, sowohl direkt als auch durch Bestäubung.

Es ist diese Besatzung, die die Giftstoffe aus dem Nährboden zieht und das Erdreich feucht und fruchtbar erhält. Die Pflanzen dienen den Tieren, und die Tiere dienen den Pflanzen. Die Pflanzen ernähren sich von der Sonne, und die Tiere ernähren sich von den Pflanzen und versorgen ihrerseits die Pflanzen mit Nährstoffen.

Einige Arten jedoch, vor allem die von uns als »höherentwickelte« klassifizierten Lebewesen, die großen Säuger, sind in erster Linie Passagiere. Manche dieser

Passagiere tragen viel dazu bei, die ganze Maschinerie des Lebenserhaltungssystems aufrechtzuerhalten, wenn auch nicht so wesentlich wie die absolut lebensnotwendigen Arten, die unermüdlich arbeitenden Ingenieure des Systems.

Es gibt jedoch eine Spezies, nämlich unsere, die vor langer Zeit beschlossen hat, sich von der restlichen Besatzung loszusagen und zu meutern. Diese Spezies geht ihren eigenen Weg als Passagier und gibt sich damit zufrieden, nur sich selbst zu unterhalten und sich ausschließlich um das eigene Wohlergehen zu kümmern.

Es gibt andere Arten von Pflanzen und Tieren, die wir für unsere eigenen egoistischen Zwecke versklavt haben. Das sind jene domestizierten Pflanzen, die die Pflanzen ersetzt haben, die zum Betrieb des Systems beitragen. Es sind jene Tiere, die wir unterjocht haben, um Fleisch, Eier und Milch herzustellen oder auch nur, um uns auf ihre Kosten zu amüsieren, um sie zu missbrauchen, zu quälen und zu schlachten.

Steigt die Anzahl der von uns versklavten Tiere, so verdrängen sie frei lebende Wildtiere durch Ausrottung oder die Zerstörung ihres Lebensraums. Die Pflanzen, die wir versklaven, müssen mit tödlichen chemischen Düngemitteln und genetisch verändertem Saatgut sowie mit einer chemischen Cocktailkeule, bestehend aus Herbiziden, Fungiziden und Bakteriziden, geschützt werden.

Wir berauben die Ökosysteme ihrer Trag- und Belastungsfähigkeit, indem wir uns an anderen Spezies bereichern, um die Zahl der Menschen und Haustiere zu erhöhen. Das Gesetz der nicht erneuerbaren Rohstoffe aber schreibt vor, dass dieser Gegenentwurf zum eigentlich funktionstüchtigen System zusammenbrechen wird. Er ist einfach nicht nachhaltig.

Allerdings hat sich der Mensch aufgrund seiner technologischen Fähigkeiten dahingehend entwickelt, wenigstens eine wichtige Funktion ausfüllen zu können: Wir sind in der Lage, den gesamten Planeten davor zu schützen, von einem Killer-Asteroiden wie demjenigen getroffen zu werden, der unseren Dinosaurierfreunden vor 62 Millionen Jahren den Garaus gemacht hat – obwohl ich mich manchmal frage, ob sich das angesichts unserer mangelnden Kooperationsbereitschaft innerhalb unserer eigenen Spezies im Ernstfall überhaupt umsetzen ließe. Und wir besitzen auch die Fähigkeiten und

__WIR BERAUBEN DIE ÖKOSYSTEME IHRER TRAG- UND BELASTUNGSFÄHIGKEIT, INDEM WIR UNS AN ANDEREN SPEZIES BEREICHERN, UM DIE ZAHL DER MENSCHEN UND HAUSTIERE ZU ERHÖHEN.

die Intelligenz (sofern wir uns dafür entscheiden, diese Fähigkeiten zu nutzen), um das Problem, für das wir verantwortlich sind – den Klimawandel –, aggressiv anzugehen.

Aber werden wir das auch tun?

HINDERNISSE

SEA SHEPHERD

Die Rohstoffindustrie kontrolliert jeden Aspekt der weltweiten Gesellschaft. In ihr steckt das Geld, und dieses Geld kontrolliert die Politik und die Mainstream-Medien. Diese Kontrolle wird von buchstäblich besitzenden, das heißt vermögenden, Politikern und Medienkanälen ausgeübt.

Das Problem für Umweltschützer und Klimaschutzaktivisten sind nicht nur fingierte und verfälschte »Nachrichten«, es ist eher das Ausbleiben von Nachrichten. Es sind all die Probleme, die bewusst, vorsätzlich und aus strategischen Gründen ignoriert werden.

Seit 2011 haben wir ziemlich wenig über die Fukushima-Katastrophe gehört, und das trotz der Tatsache, dass dort radioaktives Wasser ins Meer fließt und sich radioaktives Grundwasser unterirdisch langsam immer weiter ausbreitet. Wir lesen und hören nur sehr wenig über die Ermordung von Umweltschützern, besonders der indigenen Aktivisten.

Man muss wissen: In den Jahren zwischen 2000 und 2013 wurden mehr als 1.000 Umweltschützer getötet. Diese Zahlen spiegeln nur die offiziellen Berichte wider, wahrscheinlich liegen sie noch höher. Seit 2013 können wir weitere 1.000 Ermordungen dazuzählen, und beunruhigenderweise ufert das Töten aus. Etwa 40 Prozent der Opfer gehören zur indigenen Bevölkerung, wie etwa die 2017 ermordete Berta Cáceres aus Honduras, eine

Gegnerin des Bergbaus und des Agua-Zarca-Damms. Von diesen Taten wurde nur ein sehr geringer Teil aufgeklärt. Die Täter kommen ungestraft davon, und es gibt weder eine Berichterstattung noch öffentliche Reaktionen.

Im Jahr 2013 musste ich 30.000 Dollar Belohnung ausloben für Informationen, die zu den Killern von Jairo Mora Sandoval führten, ein 26-jähriger Umweltaktivist, der sich dem Schutz von Meeresschildkröten verschrieben hatte und in Costa Rica brutal ermordet wurde. Die Täter wurden festgenommen, dann aber freigesprochen, weil die Polizei Beweise verschlampt hatte. Glücklicherweise führte der folgende öffentliche Aufschrei zu einem zweiten Strafverfahren und zum Schuldspruch.

Die Anzahl der Morde ist schockierend, umso mehr, weil die Öffentlichkeit sich dieser Taten meist gar nicht bewusst ist:

2018: 164
2017: 207
2016: 200
2015: 185
2014: 116
2013: 160
Gesamtanzahl (geschätzt): 1.032

Unter ihnen sind Beobachter von Fischfangflotten, Park Ranger, Rechtsanwälte und Vertreter der Legis-

___WENN DIE TEMPERATUREN STEIGEN, STEIGT AUCH DIE GEWALT GEGEN JENE, DIE ES WAGEN, DEN KLIMAWANDEL BEIM NAMEN ZU NENNEN.

lative, Gewerkschafter, Umwelt- und Naturschützer, Anführer indigener Volksgruppen und Aktivisten. Die Zahlen werden in den kommenden Jahren noch steigen, genauso wie die Zahl der Aktivisten, die kriminalisiert, inhaftiert, gekidnappt, misshandelt und bedroht werden. Während ich diese Zeilen schreibe, werden Scharfschützen der Royal Canadian Mounted Police dabei fotografiert, wie sie in British Columbia mit ihren Gewehren auf indigene Gegner einer Ölpipeline zielen.

Wenn die Temperaturen steigen, steigt auch die Gewalt gegen jene, die es wagen, den Klimawandel beim Namen zu nennen. Für Umweltschützer, besonders die indigenen Aktivisten, sind die Konsequenzen des Klimawandels sehr real, sehr schmerzhaft und sehr aktuell. Indigene stehen an vorderster Front. Sie sterben in Amazonien, in Zentralamerika, in Afrika, auf den Philippinen, in Australien und in ganz Asien. In Nordamerika und Europa werden sie misshandelt und ins Gefängnis geworfen. Die Aktivisten, die sich gegen die Pipeline durch das Standing-Rock-Reservat und gegen die Wet'suwet'en-Pipeline engagierten, wurden geschlagen, bedroht und auf ihrem eigenen Land festgesetzt.

In Australien hat sich mein Sea-Shepherd-Team mit Gemeinden der Aborigines zusammengetan, um die Adani-Kupfermine zu bekämpfen sowie die Pläne, in der Großen Australischen Bucht Probebohrungen durchzuführen. Diese Bucht umfasst ein Gebiet, das abgelegener ist und mit unwirtlicheren Bedingungen aufwartet als der Golf von Mexiko, wo sich das Desaster um die Ölplattform Deep Water Horizon abspielte. Es ist ein hoffnungsloser und ermüdender Kampf. Wir haben bereits die Ölgiganten BP, Chevron und die norwegische Firma Equinor aufhalten können, aber auf jeden Sieg folgt nur eine weitere Herausforderung, wenn ein anderes Unternehmen es aufs Neue versucht.

Eine weitere Waffe im Arsenal der Unternehmen und Regierungen ist die Kriminalisierung der Opposition. Hierbei stellen sich Gerichte gegen die Aktivisten und dämonisieren sie als Öko-Terroristen. Ich selbst bin Opfer dieser Strategie geworden, als ich von der japanischen Regierung als Öko-Terrorist gebrandmarkt und der Verschwörung angeklagt wurde, ein Walfangschiff entern zu wollen. Es brachte mir eine sogenannte Blue Notice von Interpol ein und seit 2012 eine Red Notice, sodass Reisen außerhalb der USA für mich nur sehr beschränkt möglich sind. Ich betrachte das als akzeptables Übel, denn wir haben uns mit unseren Bemühungen durchgesetzt, Japans Walfangflotte daran zu hindern, illegal Wale im Walschutzgebiet Südpolarmeer abzuschlachten.

Erst kürzlich setzte die britische Polizei Sea Shepherd, Greenpeace, Extinction Rebellion und andere nicht gewalttätige Gruppen, die keine Gesetze gebrochen haben, auf eine Beobachtungsliste für Terroristen, zusammen mit weißen Rassistengruppen und Dschihadisten.

Wenn die Medien Aktivisten auch nicht ignorieren, so ist die Berichterstattung doch oftmals von einer augenscheinlichen Voreingenommenheit geprägt. Die Begriffe »extremistisch«, »militant«, »fanatisch« und »schlecht informiert« tauchen zusätzlich zu dem Vorwurf auf, dass es sich um »Öko-Terroristen« handele. In vielen Fällen werden zudem Aussagen falsch wiedergegeben, um ein negatives Bild in der öffentlichen Meinung zu erzeugen. Es ist mir oft passiert, dass meine Statements aus dem Zusammenhang gerissen und vorsätzlich verfälscht wurden. Als ich einmal einer Gruppe Trapper in Kanada gegenüber äußerte, dass es Konsequenzen habe, wenn sie weiterhin glaubten, die Gesetze der Natur ignorieren zu können, wurde daraus gemacht: Wenn ihr denkt, dass ihr ignorieren könnt, was ich zu sagen habe, dann wird das Konsequenzen haben.

Ein Medienkanal, der sich im Besitz einer Firma befindet, die ein Interesse an der Rohstoffgewinnung (mit negativen ökologischen Konsequenzen) hat, kann nicht als unparteiisch angesehen werden. Darüber hinaus haben wir das Erstarken von mächtigen Public-Relations-Agenturen beobachten können, die am laufenden Band Anti-Umweltschutz-Propaganda produzieren. In manchen Fällen (wie in British Columbia in Kanada) repräsentiert dieselbe PR-Agentur – in diesem Fall Burson-Marsteller – gleichzeitig Klienten wie die Regierung, Firmen und Medien. Das versetzt sie in die Lage, ein wirkungsvolles Programm zur Manipulation der öffentlichen Meinung zu konzipieren. Diese Agenturen haben verstanden, dass die Wahrheit ganz einfach eine Frage der Perspektive ist: Es geht nicht darum, wie die Wahrheit aussieht, sondern darum, was die Leute für die Wahrheit halten. Geld kauft Macht und Kontrolle. Unternehmen, die fossile Brennstoffe ausbeuten, haben ein immenses Vermögen angehäuft, sodass sie abweichende Meinungen entweder erzeugen oder im Keim ersticken können, indem sie die Wahrheit unterdrücken, verleugnen und verfälschen.

»DER KLIMAWANDEL IST EIN RIESIGER SCHWINDEL, ERFUNDEN VON DEN CHINESEN.«

US-Präsident Donald Trump

In den Vereinigten Staaten braucht man für die Wahl in den Kongress- oder ins Präsidentenamt Geld, richtig viel Geld. Es gibt drei Wege, an das Geld zu kommen. Der erste verfolgt einen populistischen Ansatz, wie ihn Bernie Sanders vertreten hat, wobei Millionen Bürger kleine Beträge spenden. Der zweite besteht in der Abhängigkeit von großen Unternehmen, wie jene aus der fossilen Brennstoff-, Tech- oder Pharmaindustrie, die Hunderte von Millionen Dollar in die Wahlen investieren und dafür natürlich Gefälligkeiten als Gegenleistung erwarten. Der dritte Weg ist der Aufstieg von Personen aus einer Milliardärskaste, die die Macht für sich selbst als Individuen kaufen, wie Donald Trump oder Michael Bloomberg, die sich nur sich selbst und ihren Freunden verpflichtet fühlen. Diesen Trend konnten wir beispielsweise kürzlich bei Wahlen in Australien, Brasilien und dem Vereinigten Königreich beobachten. Aus einer Bürgervertretung ist eine Regierung von Unternehmen und für Unternehmen entstanden. Vor einigen Jahren publizierte die Princeton University eine Erklärung, wonach die USA keine Demokratie mehr seien, sondern eine Oligarchie. Ganz konkret nenne ich es eine »Oligarchie der Ölokraten«. Wir kennen das bereits aus Russland und China, wo ebenfalls oligarchische Diktaturen an der Macht sind. Und größtenteils machen wir, die Menschen, einfach so mit, denn wir fühlen uns machtlos und verängstigt, ent-

__DIE REGIERUNGEN UND DIE UNTERNEHMENSCHEFS VERLANGEN GEHORSAM, FOLGSAMKEIT UND IGNORANZ, UND ALS GEGENLEISTUNG LIEFERN SIE EIN TRÜGERISCHES GEFÜHL VON SICHERHEIT, MATERIELLEM KOMFORT UND UNTERHALTUNG.

scheiden uns aber auch in vielen Fällen bewusst dafür, apathisch und unwissend bleiben zu wollen. In dieser neuen Ordnung sind die Menschen lediglich eine Ernte, die eingefahren werden muss, und zwar aus zwei Gründen: um Güter zu konsumieren und Steuern zu zahlen.

Sie sind keine Menschen mehr, sondern menschliche Schafe, die mittels der Steuern geschoren werden. Die Regierungen und die Unternehmenschefs verlangen Gehorsam, Folgsamkeit und Ignoranz, und als Gegenleistung liefern sie ein trügerisches Gefühl von Sicherheit, materiellem Komfort und Unterhaltung. Alle paar Jahre erhalten die menschlichen Schafe eine begrenzte Wahlmöglichkeit, um die Illusion aufrechtzuerhalten, sie besäßen die Kontrolle. So verspüren sie niemals die Notwendigkeit, aufzuschauen und der Realität ins Auge zu sehen.

Glücklicherweise sind immer ein paar schwarze Schafe darunter, diejenigen, die es ablehnen, unterwürfig zu sein, die die Autoritäten infrage stellen und motiviert sind, den gefestigten Status quo herauszufordern. Sie sind die Unruhestifter, die mit dem Stift in der Hand, mit der Kamera, mit ihren Fähigkeiten und ihrem Leib und Leben protestieren. Es sind die gleichen Menschen, die einst die Sklaven befreit, Frauen das Wahlrecht ermöglicht und für Bürgerrechte gekämpft haben, und heute als Verfechter für die Rechte der Tiere und der Natur auftreten. Sie sind die Schafe, die aufschauen.

NÖTIGES RÜSTZEUG

SEA SHEPHERD

Die Menschheit hatte über Jahrzehnte Gelegenheit dazu, dem Klimawandel konstruktiv zu begegnen, doch diese Chance wurde vertan und sie kehrt nicht wieder zurück. Ein radikales Umdenken würde gewiss helfen, die negativen Konsequenzen abzumildern, aber es fehlt sowohl in der Politik als auch in der Wirtschaft an Bereitschaft, die Bedrohung ernst zu nehmen. Der »Green New Deal« war eine Option in den Vereinigten Staaten, aber die gegenwärtige Wahlperiode zeigt, dass die breite Öffentlichkeit nicht wirklich daran interessiert ist, eine politische Lösung zu unterstützen. Stattdessen herrscht die Stimmung vor, sich zurückzuziehen und auf die Wiederherstellung einer vermeintlich sicheren Vergangenheit zu setzen. Es fehlt an Mut, sich mit den den Hindernissen der Zukunft auseinanderzusetzen.

Wir leben in einer Gesellschaft von Abhängigen. Es ist scheinbar unmöglich, unsere kollektive Abhängigkeit von fossilen Rohstoffen und vor allem von den materiellen Annehmlichkeiten einer auf fossilen Brennstoffen basierenden Welt abzuschütteln.

Süchtige wollen keine Hilfe, sie wollen nur eins – ihren Stoff!

Wir wollen unser Öl, wir verlangen nach unseren Gerätschaften, wir müssen unsere Unterhaltung haben, und wir wollen unseren materialistischen Lebensstil bewahren – aber wir wollen keine Weltuntergangsszena-

__DIE MENSCHHEIT HAT DEM ÖKOSYSTEM GROSSE TEILE SEINER TRAGFÄHIGKEIT GERAUBT, UM VOR ALLEM SICH SELBST ZU ERNÄHREN.

rien hören oder Negatives, das darauf abzielt, ein für alle Mal mit unseren anthropozentrischen Vorstellungen aufzuräumen. Wir scheinen willens, dafür mit unserer Ausrottung zu bezahlen. Ironischerweise ist das, was uns töten wird, vielleicht das, was uns retten wird. Keine Spezies kann ohne die drei grundlegenden Gesetze der Ökologie überleben:

Das Gesetz der Diversität: Ein Ökosystem bedarf der Vielfalt, um zu überleben und zu florieren. Je größer die Diversität, desto stärker ist das System.

Das Gesetz der Interdependenz: Alle Arten sind wechselseitig voneinander abhängig. Nimmt die Diversität ab, nimmt auch die Interdependenz ab.

Das Gesetz der endlichen Ressourcen: Dem Wachstum und der Belastbarkeit sind Grenzen gesetzt, und wenn eine Spezies eine andere über Gebühr belastet, dann leiden Diversität und Interdependenz.

Die Menschheit hat dem Ökosystem große Teile seiner Tragfähigkeit geraubt, um vor allem sich selbst zu ernähren – und auch die relativ kleine Anzahl an Pflanzen und Tieren, die sie domestiziert hat. Diese Tiere und Pflanzen dominieren zusammen mit unserer Spezies einen Großteil der irdischen Ökosysteme. Damit ist die Biomasse der Menschen und ihrer domestizierten »Sklaven« nun größer als das die wilde Flora und Fauna auf diesem Planeten. Ohne die Ressourcen, die es für die Diversität als auch die Interdependenz der Spezies braucht, werden ganze Ökosysteme kollabieren. Die Korallenriffe sterben bereits. Waldökosysteme wurden zerstört. Übersäuerung beeinflusst mittlerweile die Meere. Waldbrände löschen Milliarden von Lebewesen aus. Neue Viren werden freigesetzt. Und die Menschheit? Bleibt unmotiviert, festgefahren in ökonomischen, sozialen und politischen Denkmustern, die sich dermaßen von der natürlichen Ordnung entfremdet haben, dass uns das Bewusstsein für das Auseinanderfallen unserer lebenserhaltenden Systeme abhanden gekommen ist.

Wir glauben, dass wir gegenüber den Gesetzen der Ökologie immun sind, dass die Wissenschaft es schon richten wird und dass unsere Religionen uns retten werden. Wir sehen, was wir sehen möchten, wir hören, was wir hören wollen, und wir lassen uns nicht von der Realität überzeugen, die sich vor uns auftürmt, weil ökologische Realitäten nicht Teil unseres Glaubenssystems sind.

__DER KLIMAWANDEL IST DIE GRÖSSTE BEDROHUNG FÜR UNSER ÜBERLEBEN, DIE ES IN UNSERER GESCHICHTE JEMALS GAB.

Damit die Menschheit überleben kann, muss die ganze sozioökonomisch-politische Struktur der Zivilisation zusammenbrechen. Und das wird sie; die Frage ist nicht ob, sondern wann sie das tun wird. Es wird eine Kombination sein aus Überbevölkerung, Hungersnöten, Dürren, Pandemien, Umweltflüchtlingen, Kriegen und dem Verschwinden grundlegender Ressourcen. Und all diese Dinge werden erst durch die Tatsache ermöglicht, dass die Menschheit einfach nichts davon hören will.

Wir müssen uns nur die weltweite Reaktion auf das Coronavirus anschauen, um zu begreifen, wie leicht die Gesellschaft in Panik gerät. Dabei ist dieses Virus noch ziemlich harmlos im Vergleich zu dem, was uns bevorsteht. Die Buschbrände in Australien und der brennende Urwald am Amazonas sind bereits in Vergessenheit geraten, und wir sind blind für die Zusammenhänge. Diese Krise wird vorbeigehen, eine neue wird folgen – und dann wieder eine neue und so weiter. Wir werden auf jede einzelne reagieren, aber das Gesamtbild dahinter ignorieren.

Der Klimawandel ist die größte Bedrohung für unser Überleben, die es in unserer Geschichte jemals gab, und dennoch haben wir uns dafür entschieden, ihn mit unserem Festhalten an irrationalen Obsessionen – wie Profite, Kriege, Politik und Unterhaltung – zu ignorieren. Kritische Stimmen, die sich erheben, werden niedergeschlagen und zum Schweigen gebracht, und ihre Verfolgung wird noch zunehmen. Die Wahrheit wird durch Lügen ersetzt, die wiederum kritiklos und voller Begeisterung angenommen werden.

Werden einige von uns auf den Zusammenbruch vorbereitet sein? Eine Welt des Mangels steht einer Weltbevölkerung gegenüber, die nach Ressourcen verlangt. In so einer Welt werden Umweltflüchtlinge, Kriege und die Beschneidung von Menschenrechten zunehmen. Im Führen von Kriegen sind wir ziemlich gut. Wir haben in Tausenden von Jahren immer effizientere Wege gefunden, um uns gegenseitig zu töten und jede Grausamkeit im Namen von Patriotismus, Religion und Ideologie zu rechtfertigen.

Wir tun, was man uns befiehlt, wir töten, wen wir töten sollen, und wir tun es in dem Glauben, dass jede dieser Taten ehrenvoll, ethisch und gut ist.

Unsere Feinde sind immer die bösen Jungs, und wir sind aus jedem Blickwinkel immer die guten, komme was wolle.

Unser Feind sind wir selbst. Was ist Extinction Rebellion? Es ist der Versuch, uns vor uns selbst zu schützen.

Wir fürchten uns dermaßen vor der Wahrheit, dass wir jeden dämonisieren, der den Versuch unternimmt, die Wahrheit auszusprechen – Assange, Manning, Mendes, Snowden, Thunberg und noch viele andere. Und wenn Menschen aufbegehren, um sich gegen die Bastion namens Anthropozentrismus zu wenden, werden sie verunglimpft, ins Gefängnis gesteckt und ermordet.

Was also können wir tun?

Wir akzeptieren, wer wir sind, und wir agieren so, dass wir uns von der kollektiven menschlichen Ignoranz und Arroganz distanzieren. Wir denken selbstständig, und wir müssen absolut alles infrage stellen und nichts und niemandem trauen.

Die anthropozentrische Welt ist voller Lügen. Lügen, die uns vorgeben, was wir essen sollen, wie wir leben sollen, wen wir hassen, wen wir respektieren, wem wir misstrauen und wem wir trauen sollen. Der Äther ist kontaminiert mit Falschinformationen. Sie wollen uns Frieden und Gesundheit verkaufen, Sicherheit und materiellen Wohlstand, und im Austausch für all das muss man den anthropozentrischen Forderungen lediglich mit absoluter Akzeptanz und Unterwerfung begegnen.

Um diese Ketten zu sprengen, dürfen wir uns nicht länger dem Glauben unterwerfen, der uns vorgegeben wird. Frieden und Sicherheit lassen sich auch in der Natur finden – und in dem Verständnis, dass alle Lebewesen miteinander verbunden und wir Teil des Ganzen sind, nicht aber außen vor und vorherrschend.

Das bedeutet, seine Rolle innerhalb des Ökosystems, in dem man lebt, zu kennen. Man muss sich fragen: Wer sind meine nicht menschlichen Mitbewohner? Worin liegt ihr Beitrag für mich? Was kann ich für sie tun?

Das bedeutet, ein Verständnis für die Nahrungsmittel zu entwickeln, die man zu sich nimmt, genauso wie für die allumfassenden Folgen für die Umwelt.

Das bedeutet, bescheidener zu werden und zu akzeptieren, dass man selbst nicht wichtiger ist als andere Lebewesen – sämtliche anderen Lebewesen.

Das bedeutet, nicht gleich beunruhigt auf Kritik zu reagieren. Zu meinen Aufgaben als biozentristischer Umweltschützer gehört es, Dinge laut auszusprechen, die viele Menschen nicht hören möchten, und Dinge zu tun, die einige Leute verärgern. Ich bin dazu da, um Leute wütend zu machen. Das schlägt manchmal hohe Wellen, die das Boot ordentlich durchschütteln – und manchmal auch das ein oder andere zum Kentern bringen.

Es bedeutet, nicht länger an den anthropozentrischen Konstrukten festzuhalten.

Es bedeutet, wieder in die natürliche Welt zurückzukehren.

Für einen Biozentristen gibt es keine Grenzen, sondern nur Beziehungen. Mit jeder Entscheidung ist eine Frage verbunden, nämlich: Ist sie gut für den Planeten? Und falls sie gut für den Planeten ist, dann ist sie auch gut für die Menschheit. Dass mir dies klar wurde, rührt von einer tiefgehenden persönlichen Begegnung mit einem sterbenden Pottwal her. Ich erkannte, was wir sind, und war von dieser Erkenntnis angeekelt. Ich realisierte, dass der Schutz und die Verteidigung seiner Art wie auch aller anderen nicht menschlichen Lebewesen das war, was ich tun musste.

Nachdem meine Mannschaft 1986 die Hälfte der isländischen Walfangflotte versenkt hatte, stellte mich ein ehemaliger Kollege aus Greenpeace-Zeiten zur Rede und warf mir vor, dass unsere Aktionen beschämend für Greenpeace und die Bewegung seien. »Was du gemacht hast, war kriminell, verwerflich, unmoralisch und hat unserer Bewegung großen Schaden zugefügt.« Ich hielt dagegen. »John, wir haben diese Walfangschiffe nicht für dich, für Greenpeace oder irgendeine Bewegung versenkt. Wir haben es für die Wale getan. Wenn du einen Wal findest, der nicht einverstanden ist mit der Aktion, dann verspreche ich dir, es nie wieder zu tun.« Das sei doch lächerlich, antwortete er, und ich erwiderte: »Das mag sein, aber darum geht es. Die Wale sind unsere Kunden, nicht die Menschen.«

Als ich mich dem Biozentrismus zuwandte, entdeckte ich ein Gefühl von unglaublicher Freiheit. Ich war frei im Denken. Ich entdeckte auch, dass ich vor kaum etwas Angst hatte, und das war das größte Gefühl überhaupt – es war befreiend. Ich begriff, dass der Tod zum Leben dazugehört und dass seine Unvermeidlichkeit absolut ist. Den Tod zu akzeptieren bedeutet, alle Angst abzulehnen – die Angst zu sprechen, die Angst zu handeln, die Angst davor, wir selbst zu sein. Wenn ich allerdings vor etwas Angst habe, dann vor dem Klimawandel und vor dem zunehmenden Rückgang der Biodiversität. Das sind die Bedrohungen, die für mich persönlich Konsequenzen haben, obwohl das im Grunde nicht zählt. Was wichtig ist, sind die Konsequenzen für die Zukunft allen Lebens auf unserem Planeten, inklusive dem Leben unserer Kinder.

Das Aussterben bereitet mir wirklich große Sorgen. Der Verlust jeder Spezies schwächt die Biosphäre und damit uns alle. Ich sorge mich um das Überleben von Millionen von Arten, unsere mit eingerechnet. Mein Sohn, meine Tochter und meine Enkel, all unsere Enkel, befinden sich auf Kollisionskurs mit den Kollektivfolgen der ökologischen Sünden unserer Spezies.

Ich werde oft gefragt, warum ich Vater von zwei Kindern sei, wenn ich doch Angst vor der Zukunft hätte. Die Frage ist berechtigt, und ich sah mich dem Vorwurf ausgesetzt, ein Heuchler zu sein. Das stört mich nicht weiter, wir sind alle Heuchler. Wir wurden in die Verlogenheit hineingeboren. Sie ist evident in den Lebensmitteln, die wir essen, den Autos, die wir fahren, der Kleidung, die wir tragen, und in so ziemlich allen Aspekten unseres Verhaltens. Aber es bleibt nichtsdestoweniger eine berechtigte Frage.

Der Grund dafür, dass ich Kinder habe, ist, weil ich Lehrer brauche, und Kinder sind die großartigsten Lehrer überhaupt. Ich muss die Welt mit ihren Augen sehen, denn wenn ich das nicht könnte, dann würde es mir an Hoffnung, Inspiration und Motivation fehlen. Wenn ich gefragt werde, was wir unseren Kindern beibringen sollen, dann sage ich immer: nur sehr wenig. Wir können ihnen Halt geben, aber viel wichtiger ist, dass wir ihnen zuhören. Sie bringen die Intuition, die Unschuld und die Vorstellungskraft mit, die Welt so zu sehen, wie sie ist, und nicht so, wie wir sie haben wollen.

Als ich ein Kind war, habe ich eine Weltkarte zerschnitten, die Kontinente zusammengelegt und zu meiner Lehrerin gesagt, dass ich glaubte, dass es einmal einen riesigen Kontinent gegeben habe. Sie sagte, das sei lächerlich, und dennoch hatte ich recht. Warum? Weil es einfach Sinn ergab. Ich behauptete zudem, dass Dinosaurier Vögel gewesen seien, Warmblüter und wahrscheinlich Federn gehabt hätten. Man entgegnete mir, dass sei zwar ein netter Gedanke, aber leider sei er falsch. Dennoch hatte ich recht.

Im Jahr 1975 hatte ich die Gelegenheit, in einer Schule auf der Inselgruppe Haida Gwaii zu sprechen. Alle Schüler gehörten zur Volksgruppe der Haida, und der Morgen begann damit, dass ich vor die unteren Klassen trat. Meine erste Frage lautete, wie viele von ihnen Haida sprechen würden. Sie konnten es alle. Meine zweite Frage lautete, was sie über Wale wüssten. Mehr musste ich nicht sagen, denn sie berichteten mir alles über die Wale, die sie gesehen hatten, und all die Geschichten, die sie von den Stammesältesten erzählt bekommen hatten. Später sprach ich vor der Mittelstufe – nur die Hälfte der Kinder sprach Haida, und wusste insgesamt weniger über Wale als die jüngeren Schüler. Nachmittags, bei den ältesten Schülern, sprachen nur noch wenige Haida und nicht einer von ihnen schien etwas über Wale zu wissen oder sich über sie Gedanken zu machen.

Ich war perplex. Die kanadische Schule auf Haida Gwaii hatte diese wunderbaren, aufgeweckten, intelligenten Kinder genommen, ihnen ihre Intuition und ihre Vorstellungskraft geraubt und ihnen stattdessen Rationalität und Logik eingeimpft. Sie hatte die Kinder umgeformt – weg davon, was sie natürlicherweise waren, hin zu dem, was der Lehrplan verlangte: die Unterwerfung unter das anthropozentrische Weltbild.

Meine Kritiker sagen, die Welt brauche weniger Kinder. Ich allerdings glaube, dass die Welt mehr wahrhaftige Kinder braucht. Wir brauchen ihre Visionen, ihre Instinkte, ihre Intuition und ihre Fantasie. Was wir nicht brauchen, sind postnatale Abtreibungen – all die Kinder, die verantwortungslos in diese Welt gesetzt werden, ohne Liebe, ohne Förderung, ohne Mitgefühl und Bildung. Wir missbrauchen sie, und sie wachsen auf, um andere zu missbrauchen. Wir schwächen sie, und sie wachsen auf, um andere zu schwächen. Kinder sind Samen, und ein Samen, der auf einen felsigen, unfruchtbaren Boden fällt, wird sich nicht zu einer gesunden Pflanze entwickeln.

Ich höre meinem Sohn zu, ich teile seine Vorstellungswelt und ermutige ihn darin. Wenn er mir sagt, dass er mit den Tieren spricht, dann glaube ich ihm. Wenn er mir sagt, dass er zum Mars reisen will, antworte ich: Warum nicht? Du kannst sein, wer immer du sein möchtest. Er wird natürlich entdecken, dass es Grenzen und Einschränkungen gibt, aber es ist nicht meine Aufgabe, ihm zu sagen, dass er nicht den Versuch wagen sollte, Einschränkungen infrage zu stellen. Ich möchte, dass er die unmöglichen Lösungen zu scheinbar unlösbaren Problemen findet, und das kann nur geschehen, wenn ich seine Leidenschaft, seinen Mut und seine Fantasie fördere.

__MEINE KRITIKER SAGEN, DIE WELT BRAUCHE WENIGER KINDER. ICH ALLERDINGS GLAUBE, DASS DIE WELT MEHR WAHRHAFTIGE KINDER BRAUCHT.

Es steht mir nicht zu, ihm vorzuschreiben, dass er die Natur lieben soll. Die Natur steht ihm offen, damit er sie erforschen kann, und ich helfe ihm dabei, die Wege zu finden, nach denen er Ausschau hält. Indem ich selbst die Natur respektiere, diene ich als gutes Beispiel. Indem ich Frauen respektiere, ermutige ich ihn, dasselbe zu tun. Indem ich freundlich zu Tieren bin, schaffe ich die Voraussetzungen für ihn, es mir gleichzutun. Meine Hoffnungen für seine Zukunft sind keine Forderungen.

Die schwierigste Aufgabe allerdings wird sein, ihm zu erklären, dass sich seine Zukunft kompliziert gestalten könnte, und ihm Orientierungshilfe mit auf den Weg zu geben. Das wichtigste, das ich beitragen kann, ist, ihm zu zeigen, dass es in der Macht eines einzelnen Menschen liegt, Dinge zu verändern. Es ist vor allem dieses Selbstbewusstsein, das er brauchen wird. Das Selbstbewusstsein, immun gegenüber Negativität und nicht konstruktiver Kritik zu bleiben. Und das Selbstbewusstsein, sich niemals den Forderungen eines oder mehrerer Menschen zu unterwerfen.

WILDNIS

SEA SHEPHERD

Ein Schlüssel zum Überleben ist die Bereitschaft, die wahre Wildnis bereitwillig anzunehmen. Mein Lieblingsort auf diesem Planeten ist die Antarktis. Sie ist der letzte Ort auf Erden, wo Menschen noch nicht über den Großteil des Kontinents herrschen. Zwischen 2002 und 2013 verbrachte ich insgesamt drei Jahre auf den Meeren rund um den antarktischen Kontinent oder auf dem eisigen Terrain selbst.

Was die meisten Menschen als unwirtliche und feindliche Wüstenlandschaft betrachten, ist für mich eine inspirierende Panoramalandschaft von rauer Schönheit und ein wundersamer Hafen für nicht menschliches Leben. Eine reine Wildnis, isoliert, extrem und beherrscht von einer biozentrischen, interdependenten Vielfalt an Leben. Deshalb hat mich auch das Meer seit jeher angezogen. Die scheinbar leblose Wüste aus Wellen und Wind, die Wildnis, in der es Kilometer um Kilometer nichts als Wasser, Wasser und nochmals Wasser gibt. Unter der scheinbar unfruchtbaren Oberfläche tummelt sich eine Fülle an reicher und lebhafter Vielfalt.

Henry David Thoreau schrieb einst: »Die Wildnis ist es, die die Welt bewahrt.« Aber sie ist noch mehr als das. Die Wildnis ist es, die die wirkliche Essenz dessen bewahrt, was wir sind. Wenn die Wildnis abnimmt, dann schrumpfen auch wir, und sollte die Wildnis verschwinden, dann werden wir ihr nachfolgen.

__WENN DIE WILDNIS ABNIMMT, DANN SCHRUMPFEN AUCH WIR, UND SOLLTE DIE WILDNIS VERSCHWINDEN, DANN WERDEN WIR IHR NACHFOLGEN.

Heutzutage ist den meisten Menschen die Wildnis völlig fremd, tatsächlich haben immer mehr Menschen überhaupt keine Vorstellung davon, was sie überhaupt ist. Mir wurde die Wildnis schon als Ort beschrieben, in dem es kein WLAN gebe oder keinen Handyempfang, was mich ziemlich traurig machte. Dies ist eine Sicht, die ich nur sehr schwer nachvollziehen kann. Einige Leute sollen tatsächlich in Panik geraten sein, als sie sich in einer »Wildnis« ohne Mobilfunknetz befanden.

Ich glaube, das ist verständlich angesichts einer ganzen Generation, die mit Smartphones und Internet aufgewachsen ist. Sie hat die Welt niemals ohne soziale Netzwerke oder Mobiltelefone erfahren dürfen. Die Abhängigkeit von Technologien hat die Gesellschaft noch einsamer werden lassen, denn all die Gadgets sorgen dafür, dass wir uns noch mehr voneinander isolieren. Darunter fällt auch die Absurdität von zwei Menschen, die im selben Raum sitzen und sich Textnachrichten schreiben, sich also gegenseitig auf kleinen Bildschirmen »erleben«.

Ich denke, es gibt wohl kein besseres Symbol für unsere Entfremdung von der Natur als das lächerliche Golfspiel. Großflächig werden wilde Landschaften in etwas völlig Domestiziertes verwandelt – und das nur, um sich mit einem Schläger und einem Golfball zu amüsieren. Büsche werden herausgerissen und alle unerwünschten Pflanzen vergiftet, um sie durch manikürtes, genetisch modifiziertes Gras und öde kleine Sandwüsten bar jeden Lebens zu ersetzen. Die Fläche wird mit Herbiziden, Pestiziden, Fungiziden und Kunstdünger überzogen, die Bienen vergiftet, damit auch ja niemand eine mögliche allergische Reaktion erleidet, und der Boden verseucht, damit Maulwürfe, Erdhörnchen, Hasen und andere Tiere keine Chance haben, dort heimisch zu werden. Es ist eine Deklaration: Dieser Grund und Boden gehört uns, uns allein, und er existiert nur zu unserem Vergnügen. Wenn ich einen Golfplatz sehe, dann sehe ich dahinter die Proklamation, dass die Menschheit von der Natur die totale Unterwerfung fordert, dass wir die Wildnis besitzen und sterilisieren und an ihr ein Exempel anthropozentrischer Überlegenheit statuieren.

Auch dieses Beispiel zeigt, dass unsere Gesellschaft eine groteske Tendenz hin zum Egozentrischen hat. Alles, was wir tun, tun wir für uns selbst. Für unsere Bequemlichkeit. Unsere Sicherheit. Unser Vergnügen. Wir haben unserer Jugend beigebracht, etwas so Riesiges,

Komplexes und Schönes wie die Wildnis nur in Bezug auf uns selbst zu betrachten. Und – um den Blickwinkel noch mehr einzuschränken – durch die Linse technischer, von Menschenhand geschaffener Erfindungen, auf die wir überaus stolz sind.

Der Grizzlybär-Aktivist Douglas Peacock hat einmal eine Rede gehalten, in der er hervorhob, wie wichtig große, gefährliche Tiere seien, die die Fähigkeit haben, Menschen aufzufressen. Solche Kreaturen würden uns daran erinnern, dass wir nicht allmächtig seien und bescheiden bleiben müssten.

Vor vielen Jahren wurde ein Freund von mir, Timothy Treadwell, zusammen mit seiner Freundin Amie Huguenard von einem Grizzly getötet, und ich erinnere mich, wie einige Medien über die Tragik seines ach so unnatürlichen Todes berichteten. Aber ist es nicht viel natürlicher, von einem Bären oder einem Hai getötet zu werden, als bei einem Autounfall zu sterben oder von einem anderen Menschen erschossen zu werden? Tim lebte 13 Jahre lang mit Grizzlys zusammen, ohne dass er jemals verletzt worden wäre; in dieser Zeit lernte er sehr viel über diese Tiere, er lernte sie zu schätzen und erkannte ihren Wert an. Tatsächlich gaben sie seinem Leben einen Sinn, und Tim erzählte mir einmal, dass er sich ganz sicher sei, eines Tages von einem Bären getötet zu werden. Und wenn es so komme, würde er lediglich bereuen, dass der Bär aufgrund dessen vielleicht zum Abschuss freigeben werden würde. Einige Kritiker meinten, es wäre dumm von ihm, mit den Bären zusammenzuleben, aber die Wahrheit ist, dass Tim sonst in der Stadt an Drogen und Depressionen gestorben wäre. Die Bären brachten 13 Jahre lang Glück und Freude in sein Leben, und er starb bei der Tätigkeit, die er liebte. Der Bär, der ihn schließlich tötete, gehörte nicht zu jenen, die er seit Jahren beobachtet hatte, sondern war ein von einem Wilderer verwundetes Tier, das aus einem anderen Revier stammte.

Jedes Mal, wenn ich mit dem Schiff in Richtung Südlicher Ozean unterwegs war, habe ich mich wirklich lebendig gefühlt. Das Eis, die Stürme, die Temperaturen verliehen mir Energie, und nicht ein einziges Mal habe ich mich angesichts der Elemente ängstlich oder unsicher gefühlt. Ich kann mir nicht vorstellen, wie leer mein Leben ohne all meine Reisen, Expeditionen, Begegnungen und Entdeckungen gewesen wäre.

Die Wildnis und das Abenteuer habe ich immer gebraucht, ich brauche sie noch und werde sie immer brauchen.

Die meisten Menschen fühlen sich durch Ungewissheit und Unsicherheit bedroht. Aus diesem Grund haben wir Raubtiere ausgerottet, Wild und Pflanzen ausgelöscht und Wälder gerodet. Große wilde Tiere waren eine Bedrohung, und aufgrund unseres Wunsches, die Natur zu beherrschen, gaben sie uns das Gefühl, unterlegen zu sein. Die Wildnis ist für viele etwas, das unterworfen und zerstört werden muss. Großwildjäger beispielsweise sind besonders unsichere Menschen. Sie müssen töten, um sich ihrer Dominanz zu versichern. Es ist die Angst, die sie antreibt. Sie wissen ganz genau, dass sie ohne ihre Waffen aufs Peinlichste unterlegen und kümmerlich im Vergleich zu den edlen Kreaturen abschneiden würden, die sie erbarmungslos töten.

Es ist angemessen, dass das sechste Massenaussterben das »Anthropozän« genannt wird. Es sind unsere anthropozentrischen Illusionen, die dazu geführt haben, dass wir ein so zerstörerisches Verhalten an den Tag legen. Anthropozentrische Werte verneinen alles Nicht-Menschliche. Tiere und Pflanzen dienen ganz unseren Zwecken und unserem Belieben – als Nahrung, als Arbeitstier oder einfach zum Vergnügen. Wir können – oder besser sollten – nicht überleben, wenn wir nicht lernen, andere Spezies zu schätzen und mit ihnen im Einklang zu leben. Unser Überleben hängt davon ab, den Biozentrismus anzunehmen und zu begreifen, dass wir Teil der Natur sind und nicht über sie herrschen. Unser Versagen, diese Verbundenheit zu erkennen, tötet uns. Wenn wir ein Ökosystem zerstören, zerstören wir uns selbst.

WIR KÖNNEN - ODER BESSER SOLLTEN - NICHT ÜBERLEBEN, WENN WIR NICHT LERNEN, ANDERE SPEZIES ZU SCHÄTZEN UND MIT IHNEN IM EINKLANG ZU LEBEN.

Als ich einmal an der University of Texas einen Vortrag über Biozentrismus hielt, schien ein junger Student darüber verärgert. Er sagte mir, dass wir außer den Tieren, die wir essen würden, keine weiteren bräuchten, weil wir technologische Mittel besäßen und nicht in einem Abhängigkeitsverhältnis zu anderen Tieren stünden. Jesus Christus sei alles, was wir bräuchten, denn Gott habe uns das Leben geschenkt. Ich antwortete ihm: »Wissen Sie, was ich sehe, wenn ich Sie anschaue? Sie denken, dass Sie als Mensch für sich allein stehen, völlig unabhängig und stolz, und dennoch ist genau in diesem Moment ein Teil von Ihnen nicht mal Sie selbst. Sie sind ein Symbiont, Teil einer Gemeinschaft von Milliarden Bakterien, die in und auf Ihrem Körper leben. In Wahrheit ist es genauso deren Körper wie Ihrer, denn ohne die Tausenden Bakterienarten, die sich ihre Existenz mit Ihnen teilen, könnten Sie nicht Ihr Essen verdauen, Ihre Haut reinigen oder auch nur Ihre Augenbrauen hochziehen. Kurz gesagt: Ohne all diese Lebensformen wären Sie mausetot. Und außerhalb Ihres Körpers sind es die Bienen, die die Früchte bestäuben, die Sie essen, die Würmer, die den Boden fruchtbar machen, auf dem Ihr Gemüse wächst, die Insekten, die dabei helfen, Ihren Abfall aufzusammeln, die Bäume und das Phytoplankton, das den Sauerstoff produziert, der Sie am Leben hält. Ohne all diese Dinge wäre das anthropozentrische Konstrukt, das Sie Jesus nennen, keine große Hilfe dabei, Sie am Leben zu erhalten.«

Der Anthropozentrismus definiert unsere Wertvorstellungen, und diese sind zu 100 Prozent menschlich orientierte Werte.

Stellen Sie sich vor, Sie pilgern nach Mekka und bespucken die Kaaba. Sie würden von wütenden Muslimen in Stücke gerissen werden. Stellen Sie sich vor, Sie treten vor die Klagemauer in Jerusalem und klopfen dort mit eine Hacke Steine heraus. Höchstwahrscheinlich würde eine israelische Kugel Sie in den Rücken treffen. Oder stellen Sie sich vor, Sie betreten den Vatikan und gehen mit einem Hammer zur Pietà. Sie würden ziemlich schnell im Gefängnis landen.

Diese Plätze sind nach anthropozentrischen Wertvorstellungen heilig, und jeder Angriff auf diese materiellen Dinge gilt als Blasphemie.

Und doch zerstören wir jeden Tag die geheimnisvollsten, schönsten und geheiligsten Kathedralen der Natur:

die Regenwälder in Amazonien oder das Great Barrier Reef in Australien, ohne dass es Konsequenzen für die hätte, die sie zerstören. Solche Menschen nennt man Holzfäller und Geschäftsleute.

Die beste Erklärung des anthropozentrischen Weltbilds, die ich jemals gehört habe, stammt von einem Ranger in Simbabwe, der auf einen Wilderer schoss und ihn dabei tötete, weil der ein gefährdetes Nashorn erlegen wollte. Menschenrechtsgruppen verunglimpften ihn daraufhin: Wie könne er es wagen, einem Menschen das Leben zu nehmen, um ein Tier zu schützen? Seine Antwort lautete: Wenn er Polizist in Harare wäre, und ein Mann mit einem Sack voller Geld aus der Barclay's Bank gerannt käme und er dem Mann in den Rücken schießen und ihn an Ort und Stelle töten würde, dann würde man ihn jetzt einen Helden nennen und ihm wahrscheinlich einen Orden verleihen. Wie kann es sein, fragte er, dass ein Sack voller Papier mehr wert ist als das zukünftige Erbe von Simbabwe?

Als ich in den 1990er-Jahren am Art Center in Pasadena unterrichtete, bat ich meine Studenten, ein Notizbuch zu nehmen und alle nicht menschlichen Lebewesen aufzulisten, die sie in der kommenden Woche sehen würden. Am Ende der Woche hatten einige Katzen und Hunde, Tauben und Schmetterlinge notiert. Eine einzige junge Frau dagegen hatte sich mit einem Bestimmungsbuch für Pflanzen und Tiere bewaffnet und eine lange Liste erstellt, auf der Insekten, Pflanzen, Bäume, zahllose Vögel, Pilze, eine Klapperschlange, Waschbären und viele andere Lebewesen standen. Sie hatte gesehen, was um sie herum existierte, während die meisten anderen Studenten blind waren. Ich gab ihr eine Eins plus.

Die Wildnis erlaubt es uns, die große Gemeinschaft des Lebens zu sehen, zu fühlen, zu riechen und zu hören und zu verstehen, dass der Mensch Teil dieser Gemeinschaft sein muss. Wenn wir nicht einmal die Natur um uns herum wahrnehmen, dann passiert es sehr leicht, dass wir sie missbrauchen. Um die Natur verteidigen und schützen zu können, müssen wir den Sand unter unseren nackten Füßen spüren, müssen die Kälte eines Bergbachs erfahren, die salzige Gischt im Gesicht, den Geruch des Waldes, den Anblick eines Adlers oder Bären, eines Wals oder Tigers. Wir müssen Bescheidenheit lernen angesichts einer Welt, die viel größer ist als wir selbst. Wir müssen darüber hinaus Ungewissheit, Unsicherheit und Angst durchleben und dadurch den Wert solcher Gefühle verstehen lernen. Wir müssen herausfinden, wer wir sind, und wenn wir das tun, wenn wir das Joch des anthropozentrischen Dogmas abschütteln, dann können wir die wahre Bedeutung des Wortes »Freiheit« entdecken.

Herrschaft hingegen ist nicht gleichbedeutend mit Freiheit. Freiheit ist Zugehörigkeit, Teil von etwas zu sein, das größer, real und vollkommen ist.

KLIMAWANDEL-STRESS

SEA SHEPHERD

Ich lese und höre von vielen Leuten, die angesichts des Klimawandels traumatisiert und depressiv sind, und seit Kurzem sind sie durch Covid-19 zusätzlich gestresst und verängstigt.

Für eine große Anzahl von Menschen ist Ignoranz ein Segen, aber für Klimaforscher, Aktivisten, Ärzte und intelligente Menschen im Allgemeinen kann die Realität von Klimawandel und Pandemien ziemlich deprimierend sein. Sie erkennen, dass es praktisch unmöglich ist, den Anstieg der globalen Treibhausgasemissionen zu stoppen, und dass dies reale und potenziell – mit an Sicherheit grenzender Wahrscheinlichkeit – katastrophale Konsequenzen haben wird. Es ist in etwa so, als würde man jemandem eröffnen, dass er an Krebs erkrankt ist und es kein Heilmittel gibt.

Ich habe mit Kindern gesprochen, die unheilbar an Krebs erkrankt waren, und viele haben ihr Schicksal ruhig und mit großer Stärke akzeptiert. Sie haben ihre Familie und ihre Haustiere immer noch geliebt und empfanden große Dankbarkeit für das Geschenk des Lebens, das sie hatten erfahren dürfen. Meine Beobachtung ist, dass Kinder den Tod viel stressfreier akzeptieren als Erwachsene.

Ich werde oft gefragt, wie ich angesichts der Art meiner Arbeit und den zahlreichen Todesdrohungen und Rechtsstreitigkeiten mit Stress umgehe, ganz zu schweigen von den vielen gefährlichen Kampagnen, die wir führen. Die Antwort ist simpel: Ich habe nicht mit Stress zu kämpfen, weil ich nicht dazu tendiere, unter Stress zu leiden. Und hier sind die zehn wichtigsten Gründe dafür, die ich jedem, der an Angst, übermäßigen Sorgen oder Stress leidet, ans Herz legen möchte:

1. Der Klimawandel ist nun mal da. Unabhängig von dem Problem, der Bedrohung und den Umständen, er ist einfach da. Wenn man sich selbst unter Druck setzt, macht das die Situation nicht besser. Die Lösung mag unmöglich erscheinen, aber Stress ist nicht die Antwort. Um ein scheinbar unmögliches Problem zu lösen, brauchen wir unsere Vorstellungskraft, unsere Leidenschaft und unseren Mut. Und wenn es uns auch nicht gelingen sollte, so haben wir es zumindest versucht, und es ist erst dann an der Zeit, damit aufzuhören, wenn wir sterben.
2. »Irgendwas ist immer.« Das sage ich jedes Mal zu meinem Team oder meiner Crew, wenn ein Problem auftaucht. »Irgendwas ist immer, und wenn nichts ist, dann ist irgendetwas anderes, aber es ist immer irgendwas.« Das bedeutet nichts anderes, als dass das Leben Hindernisse, Herausforderungen und Probleme für jeden von uns bereithält. Probleme tauchen nicht einfach so

auf, sie sind unvermeidbar. Doch mit allen Problemen kann man umgehen, indem man sie angeht oder sie an andere delegiert, die sie angehen, oder aber sie ignoriert. Eins ist sicher: Auf einem Schiff ist wirklich immer irgendwas, und gerade jetzt, auf dem Planeten Erde, ist dieses Irgendwas der Klimawandel.

3. Ruhig bleiben. Es gibt wirklich nichts, was es wert wäre, sich darüber aufzuregen. Ich habe in zahlreichen, teils lebensgefährlichen Situationen, die ich durchgemacht habe, herausgefunden, dass es mein Mangel an Stress war, der mich da durchgebracht hat. So klemmte einmal während eines Tauchgangs in 30 Metern Tiefe mein Atemregler, und ich signalisierte meinem Partner ganz ruhig, was bei mir los war. Panik wird dich nicht retten. Wenn du etwas verlierst, wird dein Ärger darüber dir die Sache nicht zurückbringen. Wut entsteht durch Stress, und ohne Stress keine Wut. Ohne Stress gibt es auch keine Panik – und nur wenig Angst.
4. Alles Materielle ist vergänglich, und aus diesem Grund sind Dinge es nicht wert, sich deshalb zu stressen. Das Auto ist kaputt, man hat dir etwas geklaut, oder du hast Geld bei Investitionen verloren – das ist wirklich nicht wichtig. Materieller Komfort ist schön, aber er sollte keine Fessel sein,

__ALLES MATERIELLE IST VERGÄNGLICH, UND AUS DIESEM GRUND SIND DINGE ES NICHT WERT, SICH DESHALB ZU STRESSEN.

die dich an den Stress bindet. Geh deinen Weg einfach weiter.

5. Freunde sind Freunde, oder sie sind es nicht. Ein wahrer Freund wird dich niemals hintergehen, und wenn ein »Freund« dich hintergeht, dann ist er oder sie ganz einfach nicht dein Freund. Kehre diesem Verhalten den Rücken, und mach dir deshalb keinen Stress. Wahre und loyale Freunde sind seltene Schätze, und man sollte sie auch so behandeln. Loyalität wird mit Loyalität vergolten, Mitgefühl mit Mitgefühl und Mut mit Mut. Überprüfen kannst du allerdings nur deine eigene Loyalität, dein eigenes Mitgefühl und deinen eigenen Mut, andere bleiben außen vor. Und wenn sie nachweislich illoyal waren oder dich hintergangen haben, dann ist der eigentlich seltene Schatz kein Schatz mehr, sondern kaum mehr wert als ein aussortiertes Spielzeug. Gerate niemals wegen eines Vertrauensbruchs oder eines Verlusts unter Stress. Es ist nun mal, wie es ist.

6. Einsamkeit ist eine Chance, die Chance, dich selbst zu entdecken. Du wirst niemanden finden, der dich liebt, wenn du dich nicht selbst liebst, und das Geheimnis, wie man den richtigen Menschen findet, besteht nicht darin, nach dieser Person Ausschau zu halten. Die Liebe sollte erblühen wie eine schöne Wildblume. Zu Beginn kann sie nicht kultiviert werden, sondern erst später, wenn man sich ihrer bewusst wird. Suche nicht nach dem Samen, sondern lass dir von der Blume die Chance offenbaren, zu wachsen und zu lernen.
7. Beziehungen sind wie Flüsse, die konstant dahinfließen und auf Hindernisse stoßen. Einige Hindernisse sind kleiner, andere größer, aber eine Beziehung lässt sie entweder hinter sich oder wird von ihnen aufgehalten, und wenn sie permanent blockiert wird, ist sie vorbei. Das sollte kein Anlass für Stress, wütende Ressentiments oder Eifersucht sein. Es ist, wie es ist. Geh deinen Weg mit Wertschätzung weiter, ohne Verbitterung über die Beziehung, die nicht mehr existiert, und öffne dein Herz für die anderen Möglichkeiten, die das Leben noch bereithält. Der wichtigste Faktor, wenn man eine tiefgehende Beziehung zu Geliebten, zur Familie oder zu Freunden aufrecht-

__ANGST IST EIN GIFT, DAS IN DIE SEELE EINSICKERN KANN UND UNSERE GEFÜHLE BETÄUBT. DIE FOLGEN SIND PARANOIA, UNSICHERHEIT UND WUT.

erhalten möchte, ist Akzeptanz. Du musst sie akzeptieren, wie sie sind, und sie müssen dich so akzeptieren, wie du bist. Wenn du das nicht kannst, dann solltest du aufhören, diese Menschen unter Stress zu setzen, und gehen. Und wenn jemand anders dich nicht so akzeptiert, wie du bist, dann solltest du ihm den Rücken kehren, egal wie die Beziehung auch aussehen mag. Stress ist ein Killer, und mit einem Menschen zusammenzuleben, der dich nicht so akzeptiert, wie du bist, ist in etwa so, wie mit jemandem zusammenzuleben, der dich ganz langsam umbringt.

8. Angst ist ein Gift, das in die Seele einsickern kann und unsere Gefühle betäubt. Die Folgen sind Paranoia, Unsicherheit und Wut. Versuche zu vermeiden, dass Angst sich ihren Weg in dein Leben bahnt. Es gibt eigentlich nur sehr wenig zu fürchten, denn die Dinge sind so, wie sie sind und wie sie sein werden. Denke immer daran, dass du der

Kapitän deines eigenen Schicksals bist und Meister über deine Seele und deinen Körper. Wer du bist und wer du sein willst, hängt von dir und nur von dir allein ab. Ein Mensch, der angstfrei ist, kann viel mehr erreichen als jemand, der sich von der Angst in Ketten legen lässt.

9. Oscar Wilde hat einmal gesagt, dass es nur eine Sache gibt, die schlimmer ist als Gerede über dich: wenn gar nicht über dich geredet wird. Die Leute reden, sie tratschen, sie erheben falsche Anschuldigungen, manche ergötzen sich sogar daran, andere zu verletzen und kleinzumachen. Am besten ignoriert man diese Menschen einfach. Sie wollen eine Antwort von dir, also antworte nicht. Sie wollen eine Reaktion von dir, also reagiere nicht. Diese Leute sind es nicht wert, dass sie dir Stress verursachen. Sie leiden an Unsicherheit, Eifersucht und Angst, deshalb ist es ihr Stress, und ihr Stress ist ihr Problem. Er sollte nicht zu deinem werden. Die Klimawandelleugner sollten ganz einfach ignoriert werden, denn die Zeit ist zu wertvoll, um mit Leuten zu streiten oder zu debattieren, die die Realität verleugnen.

10. »Hoka Hey« lässt sich übersetzen mit: »Ein guter Tag zum Sterben.« Das Sprichwort der Lakota bedeutet, dass man den Tod nicht fürchten und

für die Dinge einstehen soll, an die man glaubt, dass man allen Widrigkeiten trotzen und niemals aufgeben soll. Es gibt nur eine absolute Gewissheit im Leben, und das ist der Tod. Wir werden alle sterben, und was zählt, ist nicht der Tod, sondern das Leben. Wie man lebt, ist wichtig, und die einzige Sache, die am Sterben wichtig ist, ist die Art und Weise, wie man stirbt. Es sollte ein Tod ohne Angst sein, in Würde und mit der Akzeptanz, dass es ist, wie es ist. Ein Mensch, der keine Angst hat, stirbt nur einmal, aber ein Mensch, der sich die Fesseln der Furcht angelegt hat, stirbt langsam unzählige kleine Tode vor Stress und Angst. Akzeptiere das Unvermeidliche, nimm die Endlichkeit des Daseins an, und lächle der Unendlichkeit ins Gesicht. Das wirkliche Geheimnis des Glücks liegt darin, sich nicht vor dem eigenen Tod zu fürchten, nicht vor dem Versagen oder der Lächerlichkeit und auch nicht vor anderen Menschen.

Stress steht der Achtsamkeit im Weg und macht dich fehlbar. Stress ist die Ursache für Migräne, Krebs und viele andere Leiden. Er ist der Grund dafür, dass Leute rauchen, Drogen nehmen oder exzessiv trinken. Wenn mich manche Menschen fragen, warum ich niemals irgendetwas geraucht habe, antworte ich ihnen, dass ich einfach niemals die Neigung dazu verspürt habe. Gesund erschien es mir nie, und ich habe immer aufmerksam die Konsequenzen im Auge behalten. Ich glaube, dass Stress die Aufmerksamkeit für die Konsequenzen blockiert, und dasselbe gilt, wenn man sich mit zu viel Alkohol oder Drogen betäubt. Ohne Stress besteht gar keine Notwendigkeit und kein Verlangen danach.

Achtsamkeit ist ganz einfach das Bewusstsein dafür, wer man ist und was man tut. Ein achtsamer Mensch ist jemand, der frei von Stress ist.

Unerfüllte Wünsche führen zu Stress. Nichts zu wollen, erlaubt es dir, zu schätzen, was du bereits hast. Wenn du nichts willst, dann fehlt es dir an nichts. Wir alle haben unsere Grundbedürfnisse nach Nahrung, Wärme und einem Obdach, nach Kleidung und Gemeinschaft. Achtsamkeit ermöglicht dir Klarheit darüber, worin deine grundlegenden Bedürfnisse bestehen. Alles andere ist Luxus, und auch wenn du Luxus sehr schätzt, solltest du dich nicht davon abhängig machen, denn das führt wiederum zu Stress.

Ich habe niemals auch nur einen Tag in meinem Leben ausschließlich für Geld gearbeitet. Ich wollte niemals etwas besitzen, und auch wenn ich heutzutage Eigentum und materielle Dinge habe, lasse ich nicht zu, dass diese Dinge mich vereinnahmen. Ich beteilige mich niemals an Auseinandersetzungen um Geld oder Schulden. Ich vermeide Schulden, wenn es geht, aber wenn ich Schulden machen muss, dann ist meine Haltung: Sie sind, was sie sind, und sie sind gewiss nichts, was einen beunruhigen sollte.

Was die Grundbedürfnisse angeht, so lernte ich als 15-jähriger Teenager, als ich von zu Hause wegging, damit umzugehen. Ich hatte kein Geld, keinen Ort zum Schlafen, keine Perspektive. Ich sprang auf den Waggon eines Güterzugs und verbrachte die Fahrt in den Autos, die den langen Weg von Toronto nach Vancouver transportiert wurden. Als ich ankam, kampierte ich in den ehemaligen Geschütztürmen am Wreck Beach und ging als Erstes zum Vancouver City College, um mich dort einzuschreiben. Ich fand einen Job, zog aus dem Geschützturm in ein kleines Zimmer und machte meinen Weg. Wenn ich zurückschaue, war diese Zeit ein Abenteuer. Ich war mittellos, aber ich stand ja nicht unter Druck. Ich ersetzte einfach das Ungewisse an meiner Situation durch eine abenteuerliche Erfahrung. Ich sah jeden Job als wertvolle Erfahrung an, und meine Tätigkeiten als Hafenarbeiter, Lkw-Fahrer, Baumpflanzer, Lagerist, Fastfood-Koch, Bäcker, Anstreicher, Teppichleger, Postbote, Tourguide, Landschaftsgärtner und Seemann – sie alle waren lehrreiche Erfahrungen.

Die Wahrheit ist, dass alles im Leben ein Abenteuer ist, das Gute und das Schlechte, die Hochs und die Tiefs, die Erfahrungen, die Nöte, der Nervenkitzel und die Zeiten, die einsam, glücklich oder schwierig sind. Selbst mit dem Verlust eines Freundes oder eines Familienmitglieds kann man am besten klarkommen, indem man den Tod als das anerkennt, was er ist. Er ist unvermeidlich, und auch wenn wir wahrhaftig trauern, können wir das tun, ohne unter Stress zu stehen. Das mag schwer zu verstehen sein, aber es ist tatsächlich möglich. Beim Ableben eines jeden Freundes und auch beim Tod meines Bruders habe ich leise »Goodbye« gesagt, voller Wertschätzung, dass ich sie gekannt hatte.

Ich habe mich oft in Situationen begeben, in denen das Risiko bestand, mich zu verletzen, zu sterben oder verhaftet zu werden. Mein Ansatz war immer die Akzeptanz dieses Risikos, und es ist geradezu unglaublich, dass ich immer noch lebe und frei bin. Als ich nichts hatte, hatte ich doch alles, was ich brauchte, und wenn ich alles riskierte, war ich für gewöhnlich erfolgreich. Aber ich bin nicht unfehlbar, ich habe in meinem Leben Fehler gemacht, sehr viele sogar. Ich habe in der Vergangenheit einige Male mit Wut reagiert, wenn auch weniger körperlich, sondern meist mit ätzender Feder auf dem Papier. Ich habe einige Leute hängen lassen, andere enttäuscht und Gelegenheiten verpasst. Aber eine Sache, die ich in meinem Leben geschafft habe, ist, Stress zu vermeiden. Mit nunmehr 70 Jahren bin ich gesund, glücklich, optimistisch, Vater eines dreijährigen Jungen und genauso leidenschaftlich und aktiv, wie ich es immer war. Vielleicht sogar noch etwas mehr, weil ich die Gnade der Erfahrung und die Genugtuung von Erfolgen in den Bereichen hatte, die ich mir ausgesucht habe.

Der Punkt ist: Lass nicht zu, dass Stress deine Gesundheit, deine Liebe oder dein Leben ruiniert. Fürchte dich vor nichts und niemandem und lebe das Abenteuer, das Abenteuer namens Leben. Es mag vielleicht das einzige Leben sein, das dir jemals vergönnt sein wird. Selbst wenn du an ein Leben nach dem Tod glaubst (oh, und bitte auch darüber nicht in Stress geraten), Fakt ist, ganz sicher kann man sich niemals sein, deshalb verschwende nicht das einzigartige Leben, das du hast.

Ein stressfreies Leben ist nicht nur möglich, sondern essenziell für deine Gesundheit und dein Glück.

Wie komme ich mit der Realität des Klimawandels klar? Zunächst: Ich akzeptiere ihn. Ich kann sehen, wie ernst es darum ist, und mir auch die Konsequenzen vor Augen führen. Zweitens bin ich ein Aktivist, ich arbeite also dafür, die Folgen abzuschwächen und Leute anzuleiten, wiederum andere Menschen über das Problem und die Bedrohungen aufzuklären. Und drittens betrachte ich das Gesamtbild.

Einige Tausend Umweltaktivisten wurden in den letzten zwei Jahrzehnten ermordet. Mein Anliegen ist es, ihre Arbeit und ihr Andenken zu würdigen, indem ich diesen Planeten so gut ich kann verteidige, mit so viel Leidenschaft und Mut, wie ich aufbringen kann. Wenn ich mich der Hoffnungslosigkeit ergebe, beweise ich nicht gerade Wertschätzung für all die Opfer, die sie gebracht haben.

Es gab fünf Massenaussterben in der Geschichte der Erde. Das Anthropozän ist das sechste seiner Art. Ich habe gelernt, dass es im Durchschnitt 18 Millionen Jahre dauert, bis sich die Erde wieder vollständig davon erholt. Das ist ein relativ kleiner Zeitraum für den Planeten und bedeutet gleichzeitig, dass all die Schäden, die wir ihm zugefügt haben, in 18 Millionen Jahren behoben sein werden. Dann wird er aufs Neue ein angenehmer und schöner Ort sein. Nun, das mag vielen nicht sehr viel bedeuten, aber dieser Gedanke zaubert mir jedes Mal ein Lächeln aufs Gesicht.

Mit anderen Worten: Egal was wir tun, und auch wenn wir versagen sollten, der Planet Ozean ist noch nicht verloren.

WAS WIR TUN KÖNNEN

SEA SHEPHERD

Wir alle kennen die Maßnahmen, die wir zur Abschwächung des Klimawandels ergreifen können. Kein Fleisch und keinen Fisch essen, am besten Veganer oder Vegetarier werden, nicht mehr fliegen, nicht Auto fahren, keine fossilen Brennstoffe verbrauchen, auf Plastik verzichten, im Allgemeinen weniger konsumieren, Bäume pflanzen, keine Kinder bekommen und so weiter und so weiter.

Manche dieser Maßnahmen sind machbar, bei anderen wird es schwierig, und einige sind praktisch unmöglich umzusetzen.

Aber um wirklich ganz ehrlich zu sein: Nichts von alledem wird den Klimawandel davon abhalten, eine immer größere Bedrohung zu werden. Der Geist ist aus der Flasche.

Ich gebe zu, dass es sehr lobenswerte Anstrengungen gegeben hat. Der verstärkte Rückgriff auf pflanzliche Nahrungsmittel ist ein großer Erfolg; seit Jahren steigt die Zahl der Veganer und Vegetarier.

Es hat aufregende Fortschritte dabei gegeben, Kohlenstoff abzuscheiden und zu speichern sowie auf Plastik zu verzichten.

Es gibt Strandsäuberungsaktionen, Konferenzen und noch mehr Konferenzen, Meetings, TED Talks, Klimastreiks und eine sehr starke Zunahme von grünen Inhalten, einige davon auch bekannt unter dem Namen

»Greenwashing«[12]. Und natürlich sind wir uns des Problems so bewusst wie noch nie zuvor in unserer Geschichte. Die Zahl der Klimaaktivisten bleibt allerdings noch immer ziemlich überschaubar, eine Minderheit, und sie wird sich auch nicht groß verändern, solange die Menschheit nicht das alles dominierende Paradigma abschüttelt: den Anthropozentrismus.

Die menschliche Gesellschaft wird von anthropozentrisch orientierten Regierungen kontrolliert, ob sie nun links- oder rechtsgerichtet sind, liberal, kommunistisch, sozialistisch oder faschistisch. Jedes ökonomische System richtet seinen Fokus auf Wachstum, Produktion, Ausbeutung und Konsumdenken. Es gibt nicht eine Regierung auf der Welt, die den Erhalt der Natur prioritär als eigenständiges Ziel betrachtet. Es gibt nicht eine Regierung, die dazu bereit ist, nationale Anliegen zugunsten der Umwelt zurückzustellen.

Solange Regierungen nicht wirklich etwas unternehmen, solange die Konzerne rund um die fossilen Brennstoffe nicht zerschlagen sind, solange Umweltschutzgesetze nicht auch tatsächlich Anwendung finden, werden die

---

12 Anm. d. Übersetzers: Unter »Greenwashing« (Grünfärberei) versteht man PR-Maßnahmen von Unternehmen, um sich in der Öffentlichkeit mit einem umweltfreundlichen und verantwortungsbewussten Image zu schmücken.

Aktivisten mit ihren Bemühungen nur sehr wenig erreichen.

Eine weitere Abhängigkeit sind »Arbeitsplätze«. Die allergrößte Angst von Politikern besteht darin, dass eine Entscheidung Arbeitsplätze kosten könnte – es sei denn, es liegt im Interesse der Unternehmen, dass die Leute ihre Jobs verlieren. Wenn Holzfäller oder Bergleute aufgrund einer gefährdeten Spezies ihren Job verlieren, dann ist das inakzeptabel, aber wenn die Menschen auf die Straße gesetzt werden, um es den Aktionären rechtzumachen, gilt dies als gängige Praxis.

Biozentrismus bedeutet, national ausgerichtete Denkweisen abzustreifen und sich der Teilnahme an Kriegen sowie einer Wirtschaft der Ressourcenverschwendung zu verweigern. Das Überleben im Anthropozän bedeutet tatsächlich die Adaption an eine neue Wirklichkeit. Wir müssen endlich den Ernst des Klimawandels akzeptieren und eine neue Geisteshaltung entwickeln, die von Akzeptanz und Anpassungsfähigkeit bestimmt sein muss.

DIE GRÜNE UTOPIE

Die Grüne Utopie kann nur Realität werden, wenn die folgenden Punkte jetzt oder in sehr naher Zukunft umgesetzt werden:

1. Ende der Abhängigkeit von fossilen Brennstoffen und Umstellung auf alternative Energiequellen
2. Abrüstung der Kriegsmaschinerien
3. Rein pflanzenbasierte Ernährung
4. Ein 100-jähriges Moratorium bei der kommerziellen Fischerei, damit sich die Weltmeere von den Schäden erholen können, die wir ihnen bereits zugefügt haben
5. Zunahme an weltweiter Biodiversität
6. Abholzungsstopp von Ur- sowie Regenwäldern
7. Ernsthafte Kampagnen zur Wiederaufforstung und Renaturierung, um die Biodiversität zu erhalten
8. Verbot von Einwegplastik
9. Ein intelligentes Programm, um die Überbevölkerung in den Griff zu bekommen (bessere Ausbildung von Frauen, Recht auf Abtreibung und angemessene Familienplanung)
10. Keine Kontrolle der Mainstream-Medien durch Unternehmen und Regierungen

In der gegenwärtigen politischen, ökonomischen und gesellschaftlichen Situation sind die Chancen, dass irgendeine dieser Maßnahmen umgesetzt wird, gleich null. Die Natur allerdings gibt uns einen kleinen Vorgeschmack darauf, dass einige dieser Punkte durchaus energisch erzwungen werden können. Das Covid-19-Virus verlangsamt den Wirtschaftskreislauf und das industrielle Wachstum. Innerhalb kürzester Zeit können wir eine Erholung der Atmosphäre und der Wasserwege beobachten, und durch diverse Lockdowns hat sich das Bewusstsein dafür erhöht, dass wir als Spezies ein Problem kreiert haben, das wir lösen müssen.

DAS GRÜNE DILEMMA

Wir werden also mit dem Dilemma alleingelassen, den Klimawandel in einer Welt zu überleben, in der Regierungen, Konzerne und Medien sich dafür entschieden haben, sich nicht verantwortlich zu fühlen. Das einzige, was unserer Kontrolle untersteht, sind folglich die Entscheidungen, die wir selbst treffen. Wir müssen unseren Lebensstil dahingehend anpassen, dass unser ökologischer Fußabdruck kleiner wird – und darüber hinaus selbst zu Aktivisten werden.

Aber welche Art von Aktivisten? Die Antwort darauf ist, dass jeder Mensch seine eigenen Fähigkeiten und Kenntnisse auf den Prüfstand stellen und das tun muss, was er mit seinen einzigartigen Talenten beisteuern kann.

Die Stärke eines Ökosystems liegt in seiner Diversität und Interdependenz, und genauso ist es innerhalb einer

Bewegung zur Eindämmung des Klimawandels. Hier gibt es diverse Ansätze bei Ausbildung, Prozessen, Gesetzgebung und Interventionen sowie unterschiedliche aktivistische Maßnahmen bis hin zum zivilen Ungehorsam. Es mag zeitweise aussichtslos erscheinen, aber ich habe mich immer von der Tatsache motivieren lassen, dass die meisten sozialen Bewegungen und Revolutionen ihre Zeit brauchen und von entschiedenen, leidenschaftlichen Menschen befeuert werden. Persönlichkeiten wie Mahatma Gandhi in Indien, Sir William Wilberforce und Frederick Douglass und ihre Bemühungen, der Sklaverei ein Ende zu setzen, Dr. Martin Luther King Jr. und die Bürgerrechtsbewegung, die Suffragetten und ihr weltweiter Siegeszug für das Frauenwahlrecht. Was ich von all diesen Anführern gelernt habe, ist Geduld, Beharrlichkeit, Leidenschaft und Mut.

Eine der wertvollsten Lektionen, die ich je gelernt habe, erteilte mir im März 1973 der Anführer der Amerikanischen Indianerbewegung (American Indian Movement, kurz AIM), Russell Means. Ich war 22 Jahre alt und half als freiwilliger Sanitäter bei der Besetzung der kleinen Ortschaft Wounded Knee in South Dakota. Wir wurden belagert und waren von etwa 3.000 US-Bundespolizisten und Truppen umzingelt. Sie beschossen jede Nacht unser Dorf, wobei 46 Menschen verletzt und zwei getötet wurden.

Während des Konflikts gab sich Russell Means stark und sehr selbstbewusst, trotz der Tatsache, dass unsere Chancen alles andere als gut standen. Ich fragte ihn frei heraus, warum wir weitermachen sollten, wenn doch unsere Aussichten gleich null seien und die Gegner derart überlegen. Er lächelte und antwortete ganz ruhig: »Wir machen uns keine Gedanken darum, wie die Chancen stehen. Wir machen uns keine Gedanken darum, ob wir verlieren oder gewinnen. Wir sind hier, weil wir hier sein müssen. Genau jetzt müssen wir hier sein, und was wir hier tun, ist das Richtige für uns. Wir können uns nicht über alle möglichen Konsequenzen Gedanken machen. Wir handeln heute, und das wird Auswirkungen darauf haben, wie unsere Zukunft aussehen wird.«

Hoka Hey. Ein guter Tag zum Sterben – das bedeutet nichts anderes, als Seite an Seite zu stehen, weil das, was wir tun, das Richtige ist.

Die Bewegung gegen den Klimawandel mag auf verlorenem Posten stehen, aber die aussichtslosen Kämpfe lohnen sich besonders, denn es sind die Kämpfe, in denen unmöglich erscheinende Lösungen für scheinbar unmöglich zu lösende Probleme gefunden werden können. Wir müssen uns nur die Hindernisse anschauen, denen sich Frauen gegenübersahen und die sie zu bewältigen hatten, um das Wahlrecht zu erlangen; oder wie groß die Wahrscheinlichkeit war, dass die Sklaverei eines

Tages abgeschafft werden würde. Die Menschen tendieren dazu, am stärksten zu sein, wenn die Hindernisse unüberwindbar scheinen und die Siegchancen nur schwer auszuloten sind.

Der beste Rat, den ich jedem geben kann, der sich an dieser Bewegung beteiligt, ist: Handele schon heute mit Mut und Leidenschaft, ohne die Geduld zu verlieren – auf dass jeder Tag und jeder Einsatz dazu beitragen, die Zukunft neu zu definieren. Jeder einzelne von uns besitzt die Macht, die Welt zu verändern, das ist eine Tatsache, die die Prüfungen der Vergangenheit bewiesen haben.

DER GREEN NEW DEAL

In politischer Hinsicht ist der visionärste und progressivste Ansatz der Green New Deal. Er ist ein Vorstoß in den USA, den Klimawandel und die ökonomische Ungleichheit mittels Gesetzgebungsverfahren anzugehen. Darunter fallen eine Reihe von Beschlüssen, die von der demokratischen Abgeordneten Alexandria Ocasio-Cortez (New York) und Senator Ed Markey (Massachusetts) ins Repräsentantenhaus eingebracht wurden. Der Antrag scheiterte, wurde aber inhaltlich vom Präsidentschaftskandidaten Bernie Sanders übernommen und von Trump-Herausforderer Joe Biden abgelehnt.

EXTINCTION REBELLION (XR)

Im Jahr 2018 gründeten Roger Hallam und Gail Bradbrook in Großbritannien Extinction Rebellion. Ihr Ziel war es, eine gewaltfreie Bewegung zu schaffen, die mit den Mitteln des zivilen Ungehorsams Regierungen dazu bringen soll, den Klimawandel anzupacken. Die Bewegung ist mittlerweile über den gesamten Globus verteilt.

Auf der Website von Extinction Rebellion finden sich die folgenden Zielsetzungen:

1. **Sagt die Wahrheit:** Die Regierung muss die Wahrheit über die ökologische Krise offenlegen und den Klimanotstand ausrufen. Die Dringlichkeit des sofortigen Kurswechsels muss von allen gesellschaftlichen Institutionen und den Medien kommuniziert werden.
2. **Handelt jetzt:** Die Regierung muss jetzt handeln, um das Artensterben zu stoppen und die Treibhausgasemissionen bis zum Jahr 2025 auf Netto-Null zu senken.
3. **Politik neu leben:** Die Regierung muss eine Bürger:innenversammlung für die notwendigen Maßnahmen gegen die ökologische Katastrophe und für Klimagerechtigkeit einberufen. Die Regierung muss nach deren Beschlüssen handeln.

350.ORG

350.org ist eine internationale Organisation, die 2007 von Bill McKibben gegründet wurde, um gegen die Klimakrise vorzugehen. Ihr erklärtes Ziel lautet, dem Verbrauch von fossilen Brennstoffen ein Ende zu setzen und den Übergang zu erneuerbaren Energien zu schaffen, indem eine globale »Graswurzelbewegung« ins Leben gerufen wird. Die 350 steht für die 350 ppm Kohlendioxidanteil, die als oberstes Limit für die Atmosphäre festgesetzt wurden, um den Point of no Return noch vermeiden zu können. Zum heutigen Zeitpunkt sind bereits 415 ppm CO_2 erreicht. Über Online-Kampagnen und von der Basis ins Leben gerufene öffentliche Aktionen sowie die Zusammenarbeit mit einem weitläufigen Netzwerk von Partnerorganisationen und -gruppen konnte 350.org Tausende Freiwillige in über 188 Ländern gewinnen.

FRIDAYS FOR FUTURE (SKOLSTREJK FÖR KLIMATET)

Fridays for Future wurde 2018 in Schweden von Greta Thunberg ins Leben gerufen. Greta konnte zeigen, dass Jugend kein Hindernis darstellt, wenn man seinen Sorgen, Ansichten und seiner Empörung Ausdruck verleihen möchte. Seit 2018 hat sie die Anführer dieser Welt damit konfrontiert und Klimastreiks organisiert; zeitweise mit Millionen von Teilnehmern weltweit.

SEA SHEPHERD CONSERVATION SOCIETY

Wie eingangs erwähnt, habe ich Sea Shepherd 1977 gegründet, um mich für den Erhalt der maritimen Vielfalt einzusetzen. Wir versuchen, dieses Ziel zu erreichen, indem wir die illegale Fischerei stoppen, Strände säubern, einen veganen Lebensstil propagieren sowie permanent und geduldig auf die Tatsache hinweisen, dass wir alle sterben werden, wenn das Leben in den Ozeanen stirbt!

Ich habe darüber hinaus mein ganzes Leben lang die Idee des Biozentrismus propagiert und die Überzeugung, dass wir in Harmonie mit allen anderen Lebewesen und im Einklang mit den ökologischen Gesetzen leben müssen, wenn wir überleben wollen.

FAZIT

SEA SHEPHERD

Das Überleben der Menschheit in Zeiten des Klimawandels kann nur erreicht werden, wenn wir anthropozentrische Ideologien verwerfen und stattdessen eine biozentrisch ausgerichtete Lebensweise annehmen, die die Wichtigkeit von Interdependenz und Diversität sowie die Existenz endlicher Ressourcen anerkennt.

Wachstum um des Wachstums Willen ist eine Verhaltensweise, die Menschen mit Krebszellen gemein haben. Sie ist nicht nachhaltig. Sie ist ein Irrweg, und sie wird die Zivilisationen ebenso zerstören wie die lebenserhaltenden Systeme, die uns tragen.

Die praktische Umsetzung des Biozentrismus hingegen, gepaart mit unserer Leidenschaft für das Leben sowie unserem Mut, Hindernisse zu überwinden, wird die Rettung unserer Spezies sein – sofern wir unsere Vorstellungskraft und unseren Einfallsreichtum nutzen und ernsthafte Anstrengungen unternehmen.

Was mich betrifft, so fühle ich mich dazu verpflichtet, unmögliche Lösungsansätze für scheinbar unüberwindliche Hindernisse zu finden.

Die Realität sieht leider so aus: Uns bleibt keine andere Wahl.

Autor: Paul Watson
Originaltitel: *Urgence! Il faut sauver les océans*
Erschienen 2020 bei Editions Glénat, Frankreich

Bibliografische Information der Deutschen Nationalbibliothek
Die Deutsche Nationalbibliothek verzeichnet diese Publikation in der Deutschen Nationalbibliografie; detaillierte bibliografische Daten sind im Internet über http://dnb.dnb.de abrufbar.

1. Auflage
ISBN 978-3-667-12091-5

Aus dem Englischen von René Stein
Lektorat: Birgit Radebold, Johanna Schwarz
Foto Einbandrückseite: © Seashepherd
Einbandgestaltung: Felix Kempf, www.fx68.de
Satz: Axel Gerber
Druck: GGP Media GmbH, Pößneck
Printed in Germany 2021

Klimaneutral
Druckprodukt
ClimatePartner.com/53248-2012-1021

Delius Klasing Verlag, Siekerwall 21,
D - 33602 Bielefeld
Tel.: 0521/559-0, Fax: 0521/559-115
E-Mail: info@delius-klasing.de
www.delius-klasing.de

MIX
Papier aus verantwortungsvollen Quellen
FSC
www.fsc.org
FSC® C014496

»Skolstrejk för klimatet«

Fridays for Future
(Könnte - Würde - Hätte)
Machen. Jetzt.
ISBN 978-3-667-11820-2

Ein flammendes Plädoyer, den Klimawandel zu stoppen: Die einzigartige Sammlung dieses Buches, das in Zusammenarbeit mit den Fridays for Future-Aktivistinnen und -Aktivisten entstand, führt die emotionale und politische Tragweite der Bewegung vor Augen.

Neben den kreativen, anarchischen und emotionalen Klimaplakaten kommen Klimaforscher und Experten zu Wort und erklären die Hintergründe und Fakten zum Klimawandel. Mit dabei ist auch ein Beitrag von Boris Herrmann, der Greta Thunberg unter Segeln zum UN-Klimagipfel nach New York brachte. Ein Weckruf für den Klimaschutz und die Rettung unserer Erde!